核心素养实践丛书

U0854406

基于核心素养的小学英语课程群建构实践研究

王建平　主编

JIYU HEXIN SUYANG DE XIAOXUE
YINGYU KECHENGQUN JIANGOU SHIJIAN YANJIU

北京师范大学出版集团
BEIJING NORMAL UNIVERSITY PUBLISHING GROUP
北京师范大学出版社

图书在版编目(CIP)数据

基于核心素养的小学英语课程群建构实践研究/王建平主编.
—北京：北京师范大学出版社，2020.9
(小学英语学科关键问题研究系列丛书)
ISBN 978-7-303-26117-8

Ⅰ.①基… Ⅱ.①王… Ⅲ.①英语课—教学研究—小学
Ⅳ.①G623.312

中国版本图书馆 CIP 数据核字(2020)第 167925 号

出版发行：北京师范大学出版社 www.bnup.com
北京市西城区新街口外大街 12—3 号
邮政编码：100088
印　　刷：天津中印联印务有限公司
经　　销：全国新华书店
开　　本：730 mm×980 mm 1/16
印　　张：13.25
字　　数：223 千字
版　　次：2020 年 9 月第 1 版
印　　次：2020 年 9 月第 1 次印刷
定　　价：43.00 元

策划编辑：赵春生　　责任编辑：王翠萍　赵春生
美术编辑：王　蕊　胡美慧　　装帧设计：焦　丽
责任校对：陈　民　　责任印制：孙文凯

序

在很多应用语言学研究者的眼里，课程或是大纲，并不像我们一般理解的那样，是一个教师必须严格执行的文件。比如，David Nunan 就曾经说过，有三种不同的课程，一是“计划的课程”(planned curriculum)，二是“实施的课程”(implemented curriculum)，三是“实现了的课程”(realized curriculum)。也就是说，政府可能有计划实施的课程，但是教师在教学的时候，也要根据自己的情况去调整，因为这个课程，已经和文件规定的有所不同；而学生真正掌握了、实现了的内容，又和教师设计的具有很大差异。从这个角度看课程建设，我们就会明白，其实教师本身也是课程设计的参与者与评判者，学生也是课程设计的参与者与贡献者。

实际上，课程如果缺乏灵活性，没有能给教师和学生自主发挥的空间，也就很难真正实现学生的个性发展，难以照顾到不同学生的差异和学生的需求。因此，教学改革或者说课程改革，今后需要给教师和学生更多创造性使用课程的空间，使得他们能设计自己的校本课程，补充更多的教学资源。如果实现不了这样的状态，那么教育规划中所主张的课程改革，比如学生的全面发展、培养学生的必备品格与关键能力，都很难实现。

对于教材，人们也总是告诫教师，要认真分析、解读教材、严格遵循教材设计。很多教师也抱着一种看待《圣经》的观念，认为教材是不能动的，认为教材的目标、教材的内容是教师们都必须完成的。教师们很少敢于对教材进行取舍，总认为必须把教材“教完”，才能补充其他的内容。不过，一方面从学习语言的规律来说，仅仅靠一本教材是很难学好英语的，因为目前教材的输入量远远不足以使学生发展较好的语言运用能力；另外，教材本身的编排，是教材编者根据自己的经验，根据语法体系、功能大纲系统编写出来的，不一定完全符合语言学习的规律，也不一定符合学生的需求，特别是各种不同学生的需求。

因此，如果真正要想发展学生的语言能力，适应学生的不同需求，激活学生的内在动力，要想真正培养学生解决问题的能力，教师一定要敢于对教材有所取舍，要认识到教材只不过是一个起点。教师需要补充大量的课程资源，这样才能有足够的输入量。同时，补充灵活多元的课程资源，才能使得学生发展出自主的学习能力和创造性的能力。课程实施需要教师的贡献，而学生也应该是课程设计的参与者。当教师把一个任务真正让学生去实施时，学生就会产生很多想要解决问题、完成任务的办法，他们需要寻找更多的资源去完成任务，只有这样，学生才是真正意义上学习的主人，才能实现以学生为中心的目标。

当然，要达到这样的状态，教研部门的角色极为关键。具有现代教育理念的教研员，可以引领一个地区的教师进行课程改革，推动当地教学的发展。但是，理念陈旧的行政部门领导或教研人员，也可能限制教师使用教材以外的资源，更别说设计校本课程，结果阻碍了这个地区的教育改革与创新，而他们可能还去埋怨教师没有教好。

这两年，我有幸与北京市王建平老师的团队和区县的几位教研员一起做“多元目标英语校本课程”的项目，深深地感受到，他们做的课程改革项目就具有十分典型的实际意义。比如他们提出“小学英语学科课程群”的概念，就是旨在为学生提供最优的学习资源和最有效的英语学习方式。在他们的带领下，很多北京市的小学，都做了自己的校本课程，设计出很多不同特色的校本课程体系。正如王建平老师在前言中提到的：

小学英语课程群是以英语学科为基础，通过课程内容和结构的重组、延拓建构起来的课程群落。这一课程群落既包括国家课程校本化实施的课程，也包括为满足学生在学科学习广域需求和认知深度需求上的拓展课程，以及满足学生个性展的活动课程。小学英语学科课程群是多样的、丰富的、有选择性的、满足学生不同发展需要的课程集合，……

他们所做的，正是课程改革所要追求的目标，看看王老师这段话，说的多好！

小学英语学科课程群建设是基于英语学习促进学生发展，挖掘课程的育人价值与功能，对学科知识与技能、教学活动、教学情境及其进程和校园英语环境等的规划设计、组织实施、监控协调的过程。通过课程化整合零散的英语活动，实现国家课程和校本课程的有效整合，形成能够促进学生发展的多领域、多层次、可选择、多元化、校本化的英语学科课程体系。通过发挥英语学科课程群落的综合优势，让课程群落支撑起学生的“语言浸泡”，实现学生对英语语言的深度学习。

这样一种对于“课程”的理解，这样一种对于教育目标的认知，值得其他省份行政部门和教研人员借鉴。正是由于他们的现代课程理念、积极探索的精神、开放包容的心态，才使得北京市的小学英语教研涌现出很多特色的校本课程。我深信，随着人们对于英语教育价值的认识、对于语言习得规律的了解，一定会有更多的省市教研员和校长、教师，能像北京一样，设计和实施自己的校本课程体系，一起推动基础英语教育的改革，实现通过英语学习培养学生良好文明的行为习惯、优秀品格与伦理道德，发展健康积极的心理态度，构建审辩与创造思维方法，锻炼解决问题的基本能力，认识世界的多样性与变化，培养全面的语言运用能力，将语言交流、品格培养和思维发展三者相结合，实现立德树人的教育目标。

龚亚夫
2020 年 6 月

前　言

以核心素养为指向的课程建设是学校课程变革实践的热点话题。很多学校的实践探索围绕着对未来学生应具备的素养进行设计与讨论，开展着自主的学校课程教学变革。学校推进课程建设的热情高涨，但是一些学校在学校课程建设的过程中，多以在国家课程落实性实施的基础上开发校本课程为重，且在校本开发的课程中忽视与学科课程的联系，一定程度上存在“一味开发”“随意性强”“实施负担重”等现实问题。

在学校以校本课程为重构建校本化课程的背景下，英语学科课程建设与实施整体上存在以下问题。课程层面，基于课程标准的小学英语学科课程与学校校本课程整体性、关联性不强，校本课程以各种活动、社团为支撑占比较大。学生层面，小学生英语学习兴趣随着年级升高不是正向增长而是反相消退，学习兴趣递减是不争的事实。教学层面，小学英语课堂教学存在教学内容“碎片化”、学习活动“训练化”、兴趣活动“展示化”等问题。英语学科教师普遍缺乏课程意识，基于校本的课程开发缺少体系化的设计，现行教材与学生认知发展水平差异大，教学对知识技能与文化思维输入比例失衡，英语课堂教学中学生“被学习”等现象的存在都可以说是课程高质量构建与实施的影响因素。

学科课程建设应是学校课程建设的核心内容与重要对象。落实立德树人，基于核心素养的学科教学要走向学科育人，教师必须要重构课程目标及课程体系，重构教育理念与课程教学系统，突破固有思维模式，开展基于学生发展的学科课程及教学改革，以适应培养学生发展核心素养课程目标的变化。立足培育和发展学生核心素养，提高教育教学质量，学科教学要向课程要质量，挖掘学科整个课程的潜力，而不只是单一课堂教学的潜力；要向优化的课程结构要质量，挖掘学科教师的潜力，向构建高质量的课程发展。

基于以上分析及认识，组成由市区教研员领衔，北京市十所学校英语教师为主要研究成员的研究共同体，以建设英语学科特色课程群为载体，构建及实施高质量英语课程，在有效落实学科育人价值、整体提升小学英语课程品质方面进行了初步探索。本书正是这一研究团队不断探索中的实践性成果，具体体现在以下三方面：第一，学科课程视角整体性改革的行动和实践。突破以往学科教学改革就是单纯"改课"的常态，在以课程群提升整体课程质量的路径与方法探索上着手，尝试系统统筹、优化学科各类型学习活动，形成课程群落，多维度、多方式实现国家课程的校本化实施。第二，实践成果有着鲜明的学校特点和学科生长力。此书总结和提炼了学校英语学科课程构建和实施方面的实践性成果，十所学校的10个实践案例论述了十所学校英语学科课程教学改革的设想、主要内容、实践举措，有着鲜明的学校特点和学科生长力，可以说从不同侧面反映出北京市小学英语学科课程建设的面貌。第三，老师们的教学观念发生很大改变，实践研究激发了教研员和老师们的创造力。从以往上课关注词句、技能训练转到通过语言学习培养学生的思维能力，培养学生解决问题的能力，足够的输入量、真实的语言、多元的课程资源、个性化的学习成为教研的重点内容，老师的教学跳出了教知识和语言能力的思维范畴而转到关注如何育全人。在此过程中，"研究着建，实践中建"提升了整个研究团队的理论素养和实践智慧，老师们的研究视角逐渐从本学科的教学内容、教学方法、教学手段、教学模式转向了关注学生的学，甚至突破了本学科学生学习内容、方法、规律的研究，进而拓展到学生整体性的学习需求。

本书是小学英语课程及教学实践研究的成果，注重课程理论知识导向下的实践探索，突出价值引领和实践取向。全书共分四个篇章，前三章结构一致，在每章第一节、第二节介绍课程群、课程相关理论及英语课程构建路径的基础上，第三节以案例透析的方式呈现一所学校的实践经验及教研员评析。第四章以实践案例为主，集中汇总四所学校的生动实践和宝贵经验，包括校本化的课程理念的建构、课程目标的定位、课程体系的设计、课程实施与评价等，四所学校各有亮点和鲜明的特色。

本书是一本小学英语学科课程及教学改革的实践性专著。编写者就是实践者和研究者，涉及的编写参与人员较多，而且对第一次跳出课堂谈教学的我们可以说是一项全新而又艰巨的工程，能最终得以成稿顺利付梓得益于十所学校领导、英语教师的辛勤工作，得益于中国外语专业委员会龚亚夫老师的引领和指导，得益于我的同事、北京教科院课程教材中心朱传世老师的无私帮助，也得益于北京师范大学出版社赵春生老师的积极协调与沟通。在此向所有参与研究和编写的老师们、编辑人员表达敬意。

本人作为实践成员之一，一名从事小学英语教学研究 25 年之久的教研员，首次从课程视角实地学习、探索创新，尝试了这次课程引领下的行动探索，可以说我们找到了学科建设的新基点、新方向。同时，作为主要撰写者将自己及团队研究的成果和经验、思考和启示融入本书，希望为更多的老师提供参考与借鉴。同时，我们团队对于小学英语学科课程建设的探索尚处在深化研究和实验的过程中，本书肯定存在诸多不足之处，恳请各位课程研究同行、教育行政部门和中小学校领导以及各位课程实践者教师给予批评指正。

王建平
2019 年 11 月

目　　录

第一章　理论探究：课程群内涵与思考

第一节　课程群内涵探究与理解

一、课程群内涵理解

（一）课程的定义

什么是课程？课程的意义是什么？教育研究者对这些问题也是众说纷纭，因为课程的定义相当有弹性。课程可以具体指代学生学习科目的纲要，也可以大到涵盖教育机构的计划、教学、学习中所发生的任何事情，广义的课程还同时涵盖教育目的、教育方法及其环境互动之下的学生学习经验（黄光雄、蔡清田，2017）。

一般而言，课程的定义大致可以分为两大类。一类认为课程是学科或学科的总和；另一类认为课程是指学生在学校内所获得的经验。这类课程的定义根据是否在学校计划预期当中又可分为两种，即“预期的学习经验”与“未预期的学习经验”。以学科或学科的总和为课程的定义较为具体，但往往以教师为中心；以学生的学习经验为课程的定义较为抽象，主要以学生为中心。

在教学与研究的实践中，教育从业者与教育研究人员还根据实践的需要，从不同的视角给课程分类，例如，从课程管理角度，可以分为国家课程、地方课程和校本课程；从课程形态角度分类，可分为学科课程（分科课程）、活动课程（经验课程、生活课程）、环境课程；从课程结构角度，可分为学科课程(分科课程)、核心课程、综合课程；从课程领域角度，可分为人文社会课程、语言阅读课程、科学技术课程、艺术审美课程、体育健康课程；从课程功能角度，可分为基础性课程、拓展性课程、探究性课程；从课程学习方式角度，可分为必修课程、选修课程、定制课程。不同角度的分类，有利于明确课程的范围，从而确保教育与研究实践活动的顺利开展。

(二)课程群概念

课程群的研究与实践可追溯到1990年，北京理工大学基于“在课程建设中应当以教学计划的整体优化为目标”，提出要注重“课程群”的研究与建设。在近几年的基础教育课程改革实践中，课程群的概念也被用于基础教育阶段学校课程的完善与优化。虽然不同研究者对课程群的定义也不尽相同，以下几种是比较常见、影响较广的关于课程群概念的论述。

1. 课程群是由承担不同任务，在内容上有不同特点，但为了完成共同的教育目标而形成的多个子课程有机组成的系统。
2. 课程群是以现代教育思想为指导，对教学计划中具有相互影响、互动、有序、相互间可构成完整教学内容体系的相关课程进行重新规划、设计、构建的整合性课程的有机集成。
3. 课程群是以一门以上的单门课程为基础，由三门以上的性质相关或相近的单门课程组成的一个结构合理、层次清晰，课程间相互连接、相互配合、相互照应的连环式的课程群体。
4. 课程群是为实现某一培养目标而以某门课程为基础，由三至六门性质相关或相近的子课程整合而成的课程体系。
5. 课程群是为完善学生的知识结构，围绕同一学科或主题，将与该学科或主题具有逻辑联系的若干课程在知识、方法、问题等方面进行重新规划、整合构建而成的有机课程系统。

按照研究者的一般解释，课程群是内容联系紧密、内在逻辑性强、属于同一培养范畴的一类课程。课程群是将相互联系或具有相似性的几门课程根据需要重新整合而形成一个具有相对独立性和完整性的课程。课程群的构成一般由属于同类的三门以上课程组成，各课程的教学内容虽相对独立，但课程与课程之间紧密关联，各门课程的实践环节或技能培养是连贯的、递进的。

(三)关于学科课程群

学科通常指学校教学的学科内容，也是教师和一般社会大众理解的课程。在这种传统的课程定义之下，课程的范围往往是指学习领域内的学科知识结构、知识内容或教材纲要。将“课程”视为一种学习领域、学习学科、教材或教科书，是教师、学生家长及社会大众所熟知的一种课程定义，“课程即学科”也是最传统、最普遍的课程定义方式之一。这种定义也容易使课程沦为学科本位、教材本位，忽略学生在学习活动中所获得的实际经验、师生互动以及潜在课程的影响，忽视学生的个别差异等。

当前，随着教育从“知识核心时代”逐步转向“核心素养时代”，课程的内涵性日趋丰富，课程的生命力日益彰显，学科课程在学校建设过程中逐渐占据主要地位。基于课程群理念优化学科课程的开发与实施，将学科课程作为学校课程建设的核心内容与对象，从学科知识的逻辑、学科教育的逻辑出发，构建适合学生的学科课程体系，必将有利于学校整体教育教学质量的提升。

学科课程群是以传统或现代学科为基础，在我国三级课程管理体制和现代教育课程理念下，通过课程内容和结构的重组、延拓，建构起来的学科子课程群落(朱传世，2017)。通过统整形成群落以实现对学科课程的重新规划、设计，填补原有课程的不足，体现群内课程之间的互联与互补，使学生更好地把握一门课程与其他课程以及整个课程群的关系，从而达到整体大于部分之和的效益。

二、学科课程群建构的意义

(一)落实核心素养需要以课程为依托

《普通高中英语课程标准(2017 年版)》指出英语学科核心素养是学科育人价值的集中体现，是学生通过英语学习形成能够适应个人终身发展和社会发展所需要的正确价值观、必备品格和关键能力。英语学科的核心素养包含语言能力、文化意识、思维品质和学习能力四个方面。英语学科核心素养基于中国英语教学实际提出，是英语教育教学的指导方向。

核心素养是课程改革的原动力，落实核心素养需要以课程为依托。以核心素养为指向的课程建设是学校课程变革实践的热点话题。当前，很多学校的实践探索都围绕未来学生应具备的素养进行设计，促进了学校自主的课程教学变革。虽然推进课程建设的热情高涨，但是一些学校在学校课程建设的过程中，着重在落实国家课程实施的基础上开发校本课程，在校本开发的课程中忽视与学科课程的联系，一定程度上存在“一味开发”、“随意性强”、“实施负担重”等现实问题。

学科课程建设应是学校课程建设的核心内容与重要对象。要真正落实立德树人，基于核心素养的学科教学要走向学科育人，学校和教师必须重构课程目标及课程体系，重构教育理念与课程教学系统，突破固有思维模式，开展基于学生发展的学科课程及教学改革，以适应培养学生发展核心素养课程目标的变化。立足培育和发展学生核心素养提高教育教学质量，学科教学要向课程要质量，挖掘学科整个课程的潜力，而不只是单一课堂教学的潜力；要向优化的课程结构要质量，挖掘学科教师的潜力，向构建高质量的课程发展。

（二）构建学科课程群能充分发挥学科整体育人价值

根据时代特征、学校实际，构建符合学科定位的课程群是为学生提供高质量课程的一种有效途径。构建学科课程群能充分发挥学科整体育人价值。课程群能有效地克服单一课程建设中的诸多弊端，发挥课程群的综合优势，系统、科学地培养学生创造意识。在大课程观的理念下，课程群实际上包含学科知识、互动中的师生以及优化环境在内的课程组织、课程团队，助力系统落实课程教学的理念。课程群建设会改变过去单门课程的建设，整合有内在联系的相关课程以达到课程建设的整体效果，为学生全面发展提供可能。

（三）满足学生个体差异及发展需求

通过课程群的开发与建设，能进一步优化学生的学习方式，提高学生学习热情，培养学生自主探究、合作交流的学习品质，将学生的主观能动性充分发挥出来，提高学生的学习能力和学习成绩；同时，课程群的建设能为课堂教学改革提供参考依据，使教师根据学生个体差异及发展需求，采用合适的教学方式，满足不同潜质学生的需求，使每名学生都能得到充分的适合个性的发展。课程群的开发与建设，也有助于提升教师教学能力和科研能力。课程群的开发与建设能够促使教师积极学习现代教育理念，不断自我反思更新教育观念，从而在理论上提高自身的涵养，在教学实践中不断探究教学过程的改革与创新，从而引起课堂模式的优化，促进学校教学质量的提升。

三、小学英语学科课程群

（一）小学英语课程任务简述

外语是基础教育阶段的必修课程，英语是外语课程中的主要语种之一。英语课程学习既是学生通过英语学习和实践活动逐步掌握英语知识和技能，提高语言实际运用能力的过程；又是他们磨砺意志、陶冶情操、拓展视野、丰富生活经历、开发思维能力、发展个性和提高人文素养的过程。

《义务教育英语课程标准（2011 年版）》（以下简称《课程标准》）指出义务教育阶段英语课程的总目标：通过英语学习使学生形成初步的综合语言运用能力，促进心智发展，提高人文素养。根据这一要求，小学英语学科课程的任务主要是培养学生学习英语的兴趣，为今后英语学习奠定基础。因此，小学英语课程要充分体现工具性和人文性双重特征，努力实践《课程标准》所提出的“培养学生基本英语素养和发展学生思维能力的任务，即学生通过英语课程掌握基本的英语知识，发展基本的听、说、读、写技能，形成初步用英语与他人交流的能力，进一步促进思维能力的发展，为今后继续学习和用英语学习其他相关科学文化知识奠定基础”。同时，小学阶段的课程还要承担起培养学生综合人文素养的任务，“即学生通过英语课程能够开阔视野、丰富生活经历，形成跨文化意识，增强爱国主义精神，发展创新能力，形成良好的品格和正确的人生观与价值观。”

（二）小学英语学科课程群概念界定

核心素养导向下的英语教学强调课程育人。英语学科核心素养的落地要依托课程的有效实施。英语学科课程群的建立旨在为学生提供最优质的英语学习资源和最有效的英语学习方式，为全面提升学生英语学科核心素养奠基。

小学英语课程群是以英语学科为基础，通过课程内容和结构的重组、延拓建构起来的课程群落。这一课程群落既包括国家课程校本化实施的课程，也包括为满足学生在学科学习广域需求和认知深度需求上的拓展课程，以及满足学生个性发展的活动课程。小学英语学科课程群是多样的、丰富的、有选择性的，满足学生不同发展需要的课程集合，其构成如图 1-1 所示。

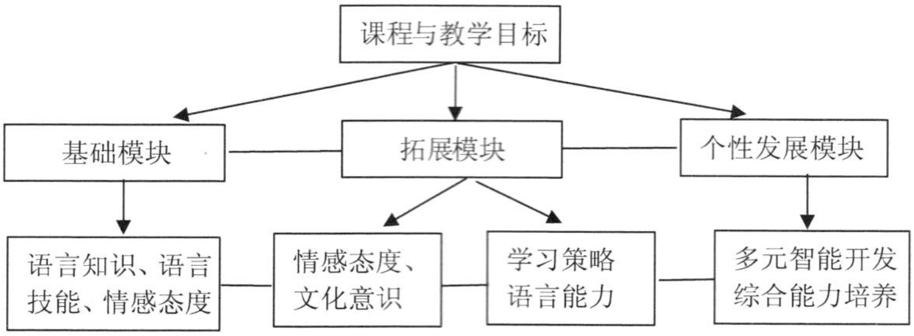

图 1-1　小学英语课程群构成示意图

（三）小学英语学科课程群构建意义

英语学习是为了学生个人素质的全面发展，因此，促进学生健康成长是一切教学活动的出发点和落脚点。《课程标准》强调英语学科课程是工具性与人文性统一的课程，从学科本身提出课程改革的目标之一就是要改变以前过分强调学科独立性，缺乏整合的状况。小学阶段开展学科课程群建设，更有利于小学生以英语学习为载体，帮助学生学习语言、认识世界、了解不同文化、发展能力、培养思维、磨炼意志和增强修养奠定基础。

小学英语学科课程群建设是基于英语学习促进学生发展，挖掘课程的育人价值与功能，对学科知识与技能、教学活动、教学情境及其进程和校园英语环境等的规划设计、组织实施、监控协调的过程。通过课程化整合零散的英语活动，实现国家课程和校本课程的有效整合，形成能够促进学生发展的多领域、多层次、可选择、多元化、校本化的英语学科课程体系。通过发挥英语学科课程群落的综合优势，让课程群落支撑起学生的“语言浸泡”，实现学生对英语语言的深度学习。

基于学生适性发展，开展英语学科课程群研究，培养学生英语学习能力，塑造推动外语学习者终身学习的生长系统，变革学生学习，既体现英语学科的工具性，同时彰显其人文性和对学生间差异的尊重；在发展学生语言运用能力的同时促进学生思维发展，形成中外文化异同意识，助力学生全面发展和个性发展。

第二节　英语学科课程群建构原则

一、立足学生发展

著名教育专家钟启泉指出我国基础教育课程改革的价值转型在于“关注学生作为整体人的发展”，强调学校课程“并非单纯预设的跑道，而是沿着跑道奔跑的过程，课程是在一定的教育情境中开展文化探索的动态生成的过程”。随着核心素养成为国家课程体系建设的目标和依据，课程改革的根本被引指到“培养什么人，如何培养这样的人”的思考上来。作为学校教育的主要学科，英语课程教学改革也要深入研究如何实现这一主题。

学习英语有利于促进小学生认知能力发展，有利于儿童形成良好的性格、品格、意志和交往合作精神，有利于儿童开阔视野，理解不同文化间的差异，形成开放、兼容的态度和价值观(王蔷等，2012)。这种课程价值取向和定位，明确了小学英语教育教学的主题就是要促进学生在英语学习过程中的发展，教师要将英语学科放在学生一生发展的背景下，在充分考虑其基础性上思考和开展教学实践。在小学英语课程群构建过程中，要从小学英语学科课程出发重点抓住小学英语学科的育人功能，通过英语学习促进学生的全面发展，为学生继续英语学习和未来发展奠定基础。

立足学生发展首先体现在将学生成长作为目的，在课程建设过程中坚守学生立场，将学生发展看作是课程建设的价值基点。小学阶段是学生英语学习的启蒙和起始阶段，小学英语课程实施要培养积极主动的学习者，引导学生发展积极向上的人生观和价值观。立足学生发展的课程能确保教学能关注学生的情感态度，能在关注语言能力发展的同时关注学生的思维发展，培养小学生的多元文化视野，坚持诸方面和谐统一发展，从而实现英语课程育人价值的最大化。

立足学生发展还要落实、满足学生的发展需要，在课程建设过程中要指向学生发展，提供相应课程的供给。课程顶层设计需考虑学生群体特点，关注学生群体的个体差异，关注不同发展方向、不同发展水平学生的多样化、个性化需求，注重学生语言学习通道的多元性和选择性，建构适切的英语课程体系，形成多元的课程群落，提供多样的学习通道，满足不同学生学习风格的需求，达到学习者与英语课程之间的无痕相融。

二、基于学科属性

基于学科属性构建课程，即要把握好课程建设的“学科立场”，对学科的性质、学科独特的育人价值、学科教育当前存在的问题等方面进行深度思考和探索，力求为课程建设提供到位的“学科指引”。

普通高中英语课程作为一门学习及运用语言的课程，与义务教育阶段的课程相衔接，强调课程对学生语言能力、文化意识、思维品质和学习能力的综合培养，具有工具性和人文性融合统一的特点。现行的义务教育阶段《课程标准》从国家和学生双方向明确了英语学习的价值：提出英语课程具有人文性与工具性双重性质，明确提出了“工具性与人文性的统一”的教学要求，强调英语课程不仅承担着培养学生基本英语素养和发展学生思维能力的任务，还承担着提高学生综合人文素养的任务，强调教学要拓展学用渠道，强调创设接近实际生活的各种语境，要充分尊重学生差异，凸显课程育人的目的。因此，无论是基于学科核心素养、还是依据课程标准，准确把握课程性质，在构建小学英语课程群优化课程的设置与实施中关注、理解并实施学科的育人之“道”都是极为重要的。小学英语学科课程群构建要根据语言习得与学得的规律及学生的发展需求，从语言基本素养、文化与交往以及情感态度价值观等方面培养具备英语学科素养的学生，即具有一定英语学习力的学生。

基于学科属性构建课程群，还意味着要遵循学科教育教学规律。学科的性质和内容构成决定了学科特有的学习规律。《课程标准》对英语课程性质的双重属性有明确界定，但现实课程内容设计及教学实施大多流于表面，工具性的特征较为突出。学者韩宝成指出：“现行中小学英语教材在内容选择上大都从实用话题出发，以实际生活任务为核心，以日常交流中的‘真实语言’为语料，力求新鲜，广纳百科。这种内容选择方式带有明显的功利主义色彩和把英语作为第二语言的标志。”由此可见，从课程的角度改进就是要变革课程内容，改革课程方式，把握好教学内容的价值取向，结合小学阶段学生生活、认知特点，适当增加社会文化维度的内容，使小学英语从一门在小学阶段实施的特殊人文课程变革成为更加具有统摄力的英语课程，建构起与学生“相濡以沫”的课程群落，从而真正支撑起小学英语的课程脊梁。

基于学科属性构建课程群，还要直面当前学科教育教学中存在的问题与困难。例如，在课程层面，基于《课程标准》的小学英语学科课程与学校校本课程整体性、关联性不强，语言环境的缺失，学生只在课堂上学英语、用英语；校本课程中各种活动、社团占比较大。学生层面，小学生英语学习兴趣随着年级升高没有正向增长而是反相消退，学习兴趣递减是不争的事实。教学层面，小学英语课堂教学存在教学内容“碎片化”，学习活动“训练化”，兴趣活动“展示化”等问题。英语学科教师普遍缺乏课程意识，基于校本的课程开发缺少体系化的设计，现行教材与学生认知发展水平差异大，教学对知识技能与文化思维输入比例失衡，英语课堂教学中学生“被学习”等现象较为普遍。

三、链接学校育人目标

学校课程顶层设计强调国家课程与地方课程的校本化、个性化，即学校和教师通过选择、改编、整合、补充、拓展等方式，对国家课程和地方课程进行再加工、再创造，使之更符合学生、学校的特点和需要。学科课程建设应是学校课程建设的核心内容与重要对象。在此意义上，学科课程建设应链接学校育人目标，强调学科课程建设立足学校实际，基于学校的地方性和独特性，构建具有校本特色的学科课程结构与体系。

根据这一理念构建的学科课程群与学校育人目标相一致，以学校文化传承为依托，依托对国家课程内容设置，横向拓展、纵向延伸，促进学生融会贯通与综合应用，彰显学校特色。同样，学科特色课程群建设也有助于打造学校特色发展之路，因为学校特色发展需要通过一系列载体来实现，课程是不可或缺的因素，学校怎样发展就需要有怎样的课程来保障。

第三节 案例评析

案例一：“芳草 C+”英语课程，蕴育芳草学子

案例简介

北京市芳草地国际学校以“培养具有中国情怀、国际视野的芳草学子”为

办学理念，“芳草 C+”英语课程围绕这一目标，立足学生发展，充分发挥英语学科课程优势，通过国家课程体系统筹资源，以文化理解、思维发展、合作交流为重点，突出特色，提升英语学科课程品质，整体构建以教材为基础，涵盖 Classical Drama、Oral Class、Critical Reading、Festival File 为拓展课程的群落结构体系。

案例分享

一、课程建构的背景

北京市朝阳区芳草地国际学校是一所集团化办学的学校，拥有日坛、国际部、世纪、远洋、双花园、万和、民族、丽泽八个校区，师生共计 5500 人。建校 59 年来，有来自 60 个国家和地区的学生先后在这里学习。他们在这里认识中国，又从这里走向世界。

学校芳草课程体系以“培养具有中国情怀、国际视野的芳草学子”为核心，以“道德、语言、数学、科技与创新、健康、艺术”为基础学科领域，以“我爱芳草地、美丽的中国、可爱的故乡、我想去那里、多彩的世界、唯一的地球”为探索研究主题。这个体系可以根据学生的不同需求设置课程，依据课程性质、课程内容及课程功能等特点，将各学科课程划分为两个层次，即：基础类整合课程——面向全体学生开设的必修课程，个性类探索课程——面向全体学生开设的选修课程。

图 1-2　芳草系列课程构成示意图

英语是课程体系中六大领域之一的核心学科。在芳草系列课程构建中，充分发挥学科原有的基础优势，在注重学生英语基础的同时，更关注学生“知行合一”，以及对学生相关能力的培养。课程的开发与构建以学校“荣·融”文化为精神内涵，以践行国际理解、提升生命质量为办学理念，让学生在体验、感悟、学习的过程中掌握知识，形成能力，发展兴趣特长，形成正确的价值观取向，成为具有中国情怀、世界眼光的芳草学子。经过多年的实践，学校通过英语课程最大限度地利用各种资源，尽可能为学生提供全面、完整、有针对性的英语学习环境，以及丰富的学习资源和多种学习途径。

二、课程体系设计

（一）理论基础

英语作为全球使用最广泛的语言之一，是国际交往与科技文化交流的重要工具。义务教育阶段开设英语课程能够提高我国整体国民素养，培养具有创新能力和跨文化交际能力的人才，因此我们专注于从根本上为提高受教育者的国际交流能力和国际竞争力奠定坚实的基础。

在小学阶段学习外语对于儿童全面发展、个性发展、交流技能的培养和对世界理解能力的发展具有重要的价值。主要价值归纳起来有：(1)扩展文化视野；(2)促进认知发展；(3)有利于语言意识提高；(4)培养学生与他人合作的能力。

（二）课程目标

“芳草C+”课程力求建成以学生为中心的、丰富的、开放的英语课程，通过六年的英语学习，使学生能够真正地感受英语的魅力、找到发展的途径、熟悉英美文化，可以运用英语与他人合作、交流，最终成为具有“中国情怀、国际视野”的芳草学子。

（三）课程内涵及框架

“芳草C+”英语课程的C(Core)蕴含两个意义：对教师教学而言以学生为中心(Student-Centered)，对学生英语学习而言以学生的语言综合运用能力(Comprehensive Competence)发展为核心。整个课程以此为核心整合英语学习关键因素，注重融入中西方文化(Culture)，设置经典戏剧课(Classical Drama)，注重文化的辨别与鉴赏；在阅读中提高审辩意识，设置阅读课(Reading Class)；注重交流(Communication)和合作(Collaboration)，借助信息技术及外教资源设置口语课(Oral Class)。

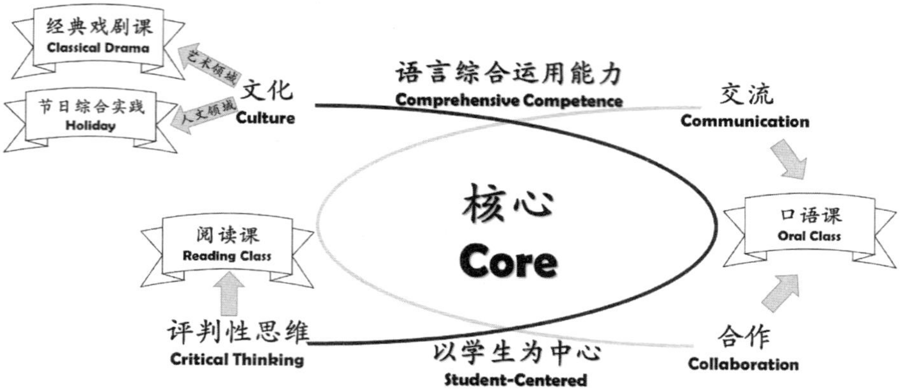

图 1-3 “芳草 C+”英语课程框架示意图

从课程实施层面，以上各类课程在各个年级的实施与分布以及周课时安排具体情况如表 1-1 所示。

表 1-1 “芳草 C+”英语课程课时安排一览表

周课时安排(单位：课时)				
	国家课程 (北京版英语教材)	经典戏剧	阅读	口语
一年级	2	1(中教授课)	每两周一课时	1(iLip)
二年级	2	每两周一课时(外教授课)	每两周一课时	1(iLip)
三年级	2(中英合作教学)	1(中教授课)	每两周一课时	1(iLip) 每两周一课时
四年级	3(中英合作教学)	每两周一课时(中教授课)	每两周一课时	
五年级	2	每两周一课时(外教授课)	每两周一课时	1(外教)
六年级	2	每两周一课时(中教授课)	每两周一课时	1(外教)

三、课程设置思路

(一)国家课程奠定基础

学校从 2004 年起开始使用北京版小学英语教材。该教材采用“情景会话”编排体例，新课以听说(Listen and Say)对话形式呈现。结合小学生的年龄和心理特点，教材中还设计安排了多种任务型教学活动。作为英语学科基础课程，学校在教学实施中形成了以主题统领整个单元教学的思路，注重教学目标多元、方法多样，夯实学科基础。基础课程强调对主题意义的探究，强调调动学生的一切积极因素，让学生在一系列“用语言做事情”的任务型活动中多接触及使用英语，在英语学习中学习和发展自我。

结合京版教材，以单元为基础提炼主题，围绕主题整合相关语料，整体思考和安排所有教学内容，通过重新整合语言知识，做到了根据学生认知发展的特点来设置单元课时。在课程实施过程中，注重学生语言运用、品格培养和发展思维认知能力三方面目标的融合，通过主题学习促进学生的全人发展。为了丰富课堂，在实施过程中基于京版教材，以话题为主线适当选用其他教材的素材，丰富话题和内容，或将相同或相关联的语料重组重构。学校还选用了《新维度英语》教材，例如：京版教材二年级上有“动物”、“特征”的话题，共两个单元，《新维度英语》第二册中也出现了描述人物特征的话题。在课程中，分配六课时以完成京版两单元的教学内容，拿出四课时结合《新维度英语》补充。两种教材虽然话题相似，但其中的语言内容并不重复。学生在学习了京版教材后，在语言表达上有了基本的框架基础，新增的素材一方面丰富了学生的语言，另一方面为学生运用语言提供了真实的语境，也培养了学生围绕主题自主探究学习的能力。

（二）绘本课程提升思维

1. 阅读课程内容

英语阅读课程群主要选用市场上可以购买到的经典分级阅读读物，例如《牛津故事乐园》《典范英语》《X-计划领先阅读》《大猫英语分级阅读》。这些绘本读物的选用，让全体学生都能沉浸在具有人文内涵的故事中，轻松、快乐、自然地习得英语，逐渐养成良好的英文阅读习惯，在提升语言能力过程中发展评判性思维意识和能力。

学校在一至六年级都开设绘本阅读课程。各年级阅读课程由中教和外教分别完成。中教每两周上一节英文绘本阅读课程，外教每周上一节。

2. 阅读课程对思维的关注

我们把英语阅读看作语言和思维交互的过程，把阅读教学作为培养学生思维品质的重要载体和手段。在设计阅读教学时，教师注重梳理故事主线，优化阅读教学活动，关注课堂提问质量，搭建思维训练的平台。教师在阅读过程中参考布鲁姆的目标分类设计问题，力求体现思维的层次性，结合阅读材料的特点、学生的英语水平和生活实际设计问题，既有低层次问题帮助学生再现和巩固知识，也有高层次问题激发学生的思维和表达，促进学生思维尤其是评判性思维能力的发展。

根据以上思路，教师在阅读教学中设计有趣而又有思维含量的阅读活动，如预测、图片环游、故事表演等，在读前、读中和读后活动中利用不同层次的问题，关注语言的学习也重视激发学生的思维参与，使阅读课堂成为促进学生思辩能力发展的园地。教学中，阅读教学的主要环节和流程如表 1-2 所示。

表 1-2 阅读教学流程表

阅读前活动	阅读中活动		读后活动
1. 导入活动：根据阅读主题设计活动，激活学生已有认知和思维，激发学生阅读兴趣。 2. 预测内容：设计问题，引导学生观察图片、联系已知、预测故事主题和主要内容，激发阅读兴趣和阅读主动性。	整体阅读方法： Step 1：整体听、读故事——粗略阅读，了解故事内容和主旨，整体输入，为整体输出做准备； Step 2：分段读——按情节发展将故事分成几个部分，采用多种方法和策略精读故事，理解故事内容和语言，提高学生阅读理解能力、思维能力和语言学习能力； Step 3：整体听、读故事——深入理解故事，内化语言，为整体输出做好铺垫； Step 4：小组阅读故事和完成任务，加深故事理解和记忆，内	图片环游方法： Step 1：观察图片，谈论故事——师生观察图片和阅读文本，交流、分享对故事内容和语言的理解，激发阅读兴趣； Step 2：自主阅读——确定故事发展的转折点，开展自主阅读或小组合作阅读，完成阅读任务，提升阅读理解能力、语言能力和学习能力； Step 3：自主阅读后交流——完成任务后交流对故事的理解，内化语言，促进语言和思维能力发展； Step 4：整体听、读	表演故事：检测学生对故事内容的理解和对故事中语言的学习。 复述故事：检测学生对故事内容和故事主线的理解以及对故事语言的运用和思维能力。 讨论故事主题：讨论故事内涵、组织写作思路，探讨具有不同文化背景的学生的不同理解，增强学生文化意识，促进批判性思维发展。 设计海报或故事书：通过自主创新设计，梳理故事中的语言，思考故事中蕴含的文化，并结合学生的语

续表

阅读前活动	阅读中活动		读后活动
	化语言，提高理解力和语言能力。	故事——深入理解故事，内化语言，为整体输出做好铺垫。	言和文化，创新学习成果，培养学生学科核心素养。 评价：师生、生生和自我的多元评价，使学生发现自己的优点和不足，更好地促进语言发展、思维发展和学习能力的提升。

3. 阅读课程评价

学校在阅读课程实施过程中注重过程性评价，专门开发了阅读评价量表，为课程的实施提供支持。在设计阅读评价等级量表的过程中，参考了《课程标准》《中国中小学生英语分级阅读标准》的内容，使量表能够有效监控和提升阅读效果，促进学生学科核心素养的提升。在评价过程中，结合不同的年段采用形成性评价和终结性评价相结合的方式，根据学生心理认知特点和阶段性阅读教学的内容、目的和重点设计具体评价内容。各个年级的评价目标、评价内容和评价方式见表 1-3。

表 1-3　阅读课程评价工具

学段	阅读能力目标	阅读评价方式	多元评价
1～3 年级	1. 能够朗读补充的歌谣和歌曲； 2. 能认读故事中所学词语； 3. 能借助图片读懂简单的故事或小短文； 4. 能正确朗读所学故事或短文。 5. 能表演所学故事。	1. 完成图片和单词连线； 2. 根据单词选择图片； 3. 根据图片内容选择句子； 4. 表演故事，对语言的准确性和流利性，表演能力进行评价。	1. 小组、全班互评和自评相结合，根据学生情感态度、水平能力及效果等给出 A、B、C 三个等级成绩； 2. 定期对学生制作的小字典、故事书进行互评和自评； 3. 定期开展英语故事表演、讲英语故事、自编故事书展示等活动，教师和学生共同评价。

续表

学段	阅读能力目标	阅读评价方式	多元评价
4～6 年级	1. 能认读故事中所学词语； 2. 能根据拼读规律，读出简单的单词； 3. 能借助图片读懂简单的故事或小短文，并养成按意群阅读的习惯； 4. 能正确朗读、表演所学故事或短文； 5. 能够复述或讲述所学故事； 6. 能够就故事主题交流自己的观点； 7. 初步运用猜词、快速阅读、细读、预测等阅读策略。	1. 完成图片和单词连线； 2. 根据单词选择图片或英文解释； 3. 根据故事内容选择、概括总结故事主旨； 4. 根据故事内容，完成连线、排序、补充文本等任务； 5. 根据图片提示讲解、复述故事； 6. 完成读后写作任务。	

（三）Oral Class 助力口语发展

在构建 Oral Class 口语课程的过程中，学校基于京版教材，整合市场上 iLip English 在线课程与外教资源，开发了 Oral Class。Oral Class 在内容设计上对应京版教材话题，在学习方式上充分发挥 iLip English 移动多端优势，采用线上与线下外教教学的混合式学习模式，落实学生口语的培养与发展。课程中每个单元内容由以下几个主要部分构成。

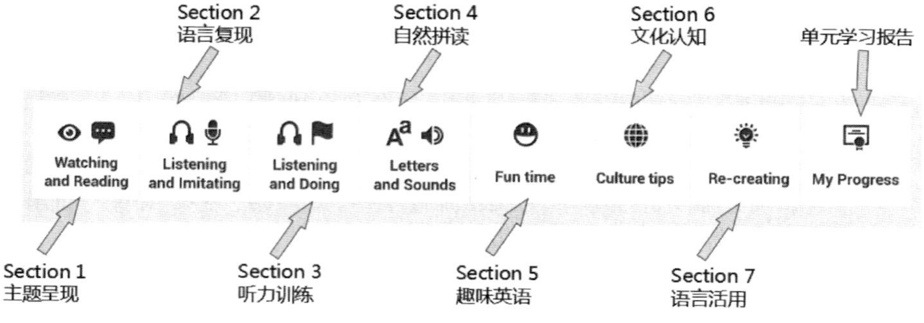

图 1-4　Oral Class 单元主要内容构成图

Oral Class 课程的开发和框架搭建借助了市场化的网络课程，经过筛选根据课程需要选择了 iLip English，从而为课程提供了鲜活、生动的 3D 动漫内容、智能语音识别技术和语音矫正技术，多客户端实现的随时随地学习，以及同伴之间的合作、学习、沟通与交流。借力 iLip English 的媒体资源和技术平台，根据 Oral Class 课程的单元内容，口语课一般采用以下教学流程。

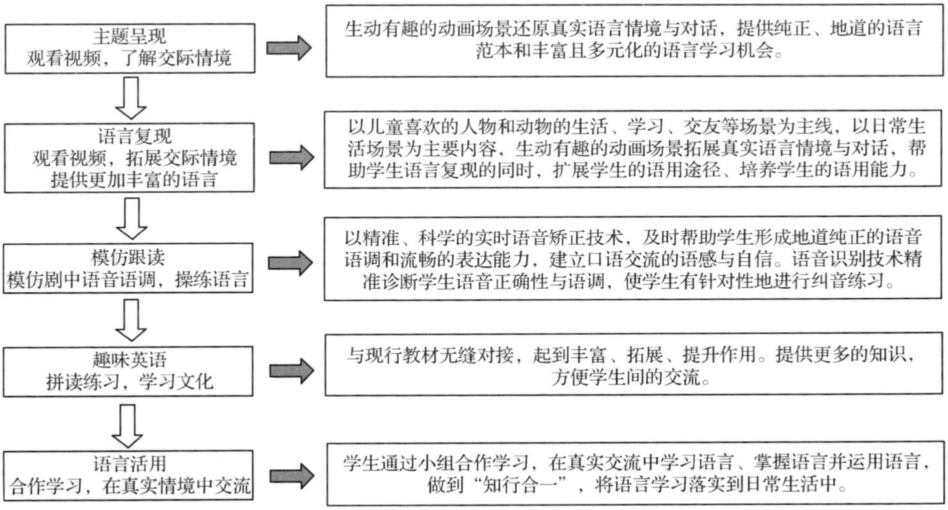

图 1-5　Oral Class 课堂教学流程图

（四）戏剧课程体验成长

1. 戏剧课程内容

戏剧作为一门综合艺术，包含了文学、历史、美术、音乐等丰富的内容。戏剧表演也是小学英语教学的一种常用模式，融知识性、趣味性、思想性于一体。《课程标准》将人文性放到了一个重要位置，因此突出英语课程的人文性是校本课程开发过程中一个重要的方面。戏剧教学能够为语言学习提供戏剧化的背景，戏剧化语言形式也更加丰富，语言内容和有趣的剧情相结合，有利于培养学生全人的发展。

学校自 2012 年 9 月正式将戏剧课纳入校本课程，经过不断的探索、总结、开发，逐步将剧目系统化、课程化，目前一至六年级在校学生都可以选择经典戏剧课程。戏剧课程以经典剧目为内容，有学生喜爱的《阿拉丁》《爱丽丝梦游仙境》《疯狂原始人》《绿野仙踪》《白雪公主》《花木兰》《里约大冒险》等。一年级每周一课时，以经典歌谣、歌曲为主，其余年级每两周一课时。二至四年级，根据学生年龄特点，选取不同水平的经典戏剧。五年级学生使用学校引进苏格兰歌剧院的大型史诗歌剧《兵马俑》。六年级为学生自选戏剧，由学生共同合作完成剧本的学习与排练。其中二、五年级由外教与中教共同执教，其他年级由学校英语老师独自完成。

2. 戏剧课程的教学方式

在戏剧课程不断探索中，我们尝试把戏剧表演作为学生学习的方式，带领学生走进经典剧目，走进戏剧情境，在角色扮演中引导学生体验人物情感，鼓励学生融入情感，运用丰富的语言表达人物的想法，最终使学生能够在表演中自由地思考，自信地表达。在戏剧教学的内容、形式及方法上，我们形成了具有一定特色的教学思路。

表 1-4　戏剧教学流程

演前活动(Pre-acting)	演中活动(While-acting)	演后活动(Post-acting)
1. 导入活动：激发学生表演的兴趣，调动学生思维，激活学生相关的背景知识。 2. 分析剧本：使学生全面、深入地了解剧本，包括剧本中的文化特点，把握角色性格特点。 3. 熟悉剧本：使学生进一步熟悉剧本，对台词、语音语调有全面的、准确的把握。 4. 明确分工：帮助各小组成员了解其在剧中所承担的角色，了解其所需表演的内容。	1. 整体排练：加深学生对台词、角色特征的理解，为之后表演做铺垫，关注文化的渗透与补充。 2. 小组预演：了解各小组内对于台词及角色的掌握情况，为完成剧本表演，各小组是否还需提供相应的帮助。 3. 小组展示：为学生提供展示自我的平台，培养学生表达自我、展示自我、与同伴协调合作的能力。 4. 角色转换：引导学生全面关注剧本，尤其是剧本背后的文化内涵与理念，而不仅仅局限于某个角色的特定台词。	1. 提问：检测学生是否认真观赏演出，同时也可检验学生对剧本内容的整体把握，对其中出现的文化现象进行进一步梳理。 2. 学生评价：培养学生认真聆听及观看他人表演的良好习惯，培养欣赏他人、赞扬他人的品质。 3. 教师评价：帮助学生发现自己的优势，强化学生自信心，明确自己努力的方向。 4. 情景再现(剧本需配备视频资料)：帮助学生进一步理解剧本，进一步完善自身的语言语调及表演。 5. 自我评价：使学生学会欣赏自我，建立自信。

戏剧表演能够帮助学生加深对输入语言的理解，更准确地识别和探索角色。在戏剧学习的过程中，学生在轻松愉快的氛围中逐步提升综合英语运用

能力，开阔了视野，丰富了生活经历，另一方面也学习了戏剧的知识、表演的技巧，提升了对戏剧和表演的鉴赏力。

2017 年，学校引进苏格兰歌剧院大型史诗歌剧《兵马俑》，以《复活的地下军团》为剧目名称进行内容设计与教学实施。当年学校校本部和国际部五年级共 180 余名学生全都选择了这一课程的学习。根据这一情况，整合各个学科的内容，以跨学科主题实践活动方式围绕这一剧目开展了丰富多彩的拓展学习和探究，极大丰富了戏剧课程的内容、提升了戏剧学习的效果和影响力。

表 1-5　《复活的地下军团》剧目跨学科主题实践活动内容

学科	题目
英语	兵马俑唱词
语文	兵马俑人物分析
数学	兵马俑矩阵
科学	兵马俑之谜
音乐	兵马俑赏析
美术	兵马俑之服装设计
品社	兵马俑历史意义
信息、综实	兵马俑海报制作
体育	兵马俑动作

3. 戏剧课程评价

根据戏剧课程的特色，我们力求设计简单、具有激励性的评价内容和方式，对学生戏剧学习和表演的过程、效果以及与学习密切相关的非智力因素进行全面的评价。戏剧课程的评价主要从台词、动作、舞台表现力及文化掌握程度四个方面评价，即：Speak loudly，fluently and emotionally. Do the big action. Face to the audience. Learn about culture as much as you can.

戏剧课程的评价重点不局限在学习内容的效果，也包括学生课堂的参与情况，即：通过戏剧表演，对学生的语音语调、语言流利度、情感投入、语言表现力、舞台自信心、表演能力等方面进行评价。这些评价标准能够更好地引导教师把握戏剧教学的方向，在教学中注重思考如何激发学生的思维、想象，从而处理好群己关系，提升认知美感经验，把握表现要点。此外，我们还注重通过评价引导学生了解和熟悉剧本涉及的主要英语国家的社会与文化概貌，认识或了解有关国家地理、历史、政治、经济、社会生活与文化传统等方面的基本知识，使戏剧课程成为学生开阔眼界、提升文化修养，加深对英语国家语言、文学和文化的理解，提高鉴赏能力的平台。

（五）主题文化课程浸润

“芳草C+”英语主题文化课程旨在营造独特而浓郁的校园文化氛围，使学生了解中西方传统节日和文化，体验不同节日的乐趣，感受节日的魅力，增加对中国优秀传统文化的深层次认识和理解，培养芳草学子成为具有“中国灵魂”、“世界眼光”的人，使英语学科课程支撑学校育人理念落地。在构建主题文化课程时，根据京版教材中有关主题，提炼、扩展相关节日文化内容。

京版教材中渗透了丰富的中外文化内容，特别是节日主线鲜明。全套教材中一、二年级教材简单渗透了一些主要节日的名称；三、四年级教材围绕节日渗透了中外习俗；五、六年级教材侧重渗透和比较中西方传统节日文化。依据京版教材中节日线索，我们将不同学段中相关节日和文化内容进行整合，构建了螺旋上升的节日主题课程群。节日主题课程在各个年级的主题和内容见表1-6。

表1-6　节日主题课程在各个年级分布情况一览表

主题课程	中西方节日我知道	
年级	一年级	二年级
课程内容	圣诞节、新年、春节、儿童节	圣诞节、新年
课时	4	2
主题课程	中西方节日任我说	
年级	三年级	四年级
课程内容	教师节、国庆节、感恩节、圣诞节、春节、妇女节、植树节、儿童节、母亲节、父亲节	劳动节、儿童节、端午节
课时	9	3
主题课程	中西方节日辨异同	
年级	五年级	六年级
课程内容	中秋节、重阳节、万圣节、复活节	春节、世界地球日
课时	9	3

四、课程实施效果

“一切为了每一位学生的发展”是学校课程教学改革和探索的核心理念。

“芳草C+”英语课程的设计与实施更好地满足学生多样化的发展需要，在丰富多彩的课程群中学习了英语，拓展了视野，促进了英语学科核心素养的发展。学校的戏剧、阅读、文化主题等课程为学生提供语言学用的情境和成长的环境，从课程实施情况来看学生的语言表达能力和交流能力明显提高，同时在课程中学会应对各种挑战，培养了良好的情感态度和价值观念。

以戏剧课程为例，经过几年的努力，芳草地国际学校已初步构建了英语戏剧课程群。学生在戏剧情境中感知剧中人物的心理状态，探究、理解语言传达的意义，教师则引导学生发现人物关系，感知人物的内心变化，体会人物的心境和情绪，从而准确地把握人物语言表达的特点，自然而然地做到有感情、投入地进行表演。通过访谈了解到全校有98.5％的同学认为自己爱上了戏剧课并且能从中受益；100％的学生表示课程中原声电影激发了自己学习英语的热情；97.4％的学生认为通过模仿及表演，自己的语音语调有了很大的提高；85.7％的孩子认为自己能够登台表演；88.7％的家长认为戏剧课可以使孩子的性格变得快乐开朗。通过戏剧课程，学生的进步和发展，家长和教师有目共睹，学生们不仅在语言上有了长足的发展，而且个性上更加开放，自信心不断增强。

学校经过几年的实践，逐步构建和完善了“芳草C+”英语课程群。“芳草C+”课程丰富了以京版教材为基础的国家课程，极大丰富了学生的学习体验，提升了学生阅读、口语、戏剧、文化方面的知识和水平，并进一步拓宽了学生的视野，很好地激发了学生学习英语的积极性和有效性。

案例点评

从具有鲜明特色的学校教育哲学出发构建学科课程资源体系，体现学校的发展追求，这既能影响学科课程构建的方向和目标，又能促进学校进一步形成和深化办学特色。“芳草C+”英语课程的设计重视学校价值取向、发展目标和课程资源开发之间的关系，英语课程建设始终以学生的终身发展为最终目标，以学校的育人目标为基本方向。芳草地国际学校致力于将“芳草C+”英语课程打造成以学生为主体的、丰富的、开放的英语课程，使学生通过六年的英语学习，真正地感受英语学习的魅力、找到发展的途径、熟悉英美文化，可以运用英语与他人合作、交流，最终成为具有“中国情怀、国际视野”的芳草学子。

从芳草地国际学校英语学科课程的设计上看，“芳草C+”课程是以国家课程为基础的、多元的课程。学校根据学生学习和发展需求，在国家课程的基础上拓展了阅读教学、口语教学、戏剧教学和以主题学习为途径的综合实践课程。拓展出来的课程与国家课程紧密联系，两者相互作用、相辅相成。基础性课程面向全体，关注学生学科素养，同时为不同学习特质和潜力的学生设置通道，提供各种发展的可能。“芳草C+”课程为不同类型、不同需求的学生提供多元课程，艺术教育、文化意识融入其中，为学生的全人发展做出了很好的范例。

整个课程设计中，戏剧教学是个亮点，也是这所学校近年来重点研究和探索的课程。随着课程改革的深入推进，英语戏剧课逐步进入小学课堂。但是，在小学阶段开设英语戏剧课，无论对学校、教师还是对学生都是一个极具挑战的选择。与一般意义上的剧目表演不同，芳草地国际学校将戏剧作为一门课程进行开发与实践，教学对象面向全体学生，为每个学生走近戏剧提供可能。更难得的是，学校以戏剧为纽带在学科间进行跨界与拓展，既丰富了学科课程内容，又使学生在学科基础和综合素养多个方面得到提升。

资源是课程的基础，立足资源构建英语课程是一个有效途径。“芳草C+”英语课程的构建与实施也充分说明了这一点。丰富的资源使学科课程更具活力，但经过系统梳理、归类优化的内容才能形成有效体系。此外，“芳草C+”英语课程在资源构建的“结构化、网状化、层次化”路径呈现和提炼，以及课程整体结构厘清方面还有待进一步完善。

撰写人：王丽颖　杨允

点评专家：王建平 苏朝晖

案例二：“乐思”英语在育翔

案例简介

北京市西城区育翔小学拥有优良的办学传统。在“以人为本、严谨治学、和谐发展”的办学理念下，学校以体现“幸福成长，助梦飞翔”的“育心”课程为实施载体培养学童。英语学科以学生发展核心素养和学校育人目标为导向，以学校的历史文化和办学理念为依托，秉承学校“育心”课程的课程理念构建“乐思”英语课程体系，基于学科拓展类课程开发了“RSD”和“TPA”课程群，力求做到使学生“Learning with fun，rising with thinking”。

案例分享

“只有创造一个教育环境，教育才能收到预期的效果。”育翔小学英语团队充分汲取各方营养，以学校文化为基础，以国家课程改革方针为指向，以学生发展核心素养和学校育人目标为追求，以学校的历史文化和办学理念为依托，从各方提炼精髓，并结合自身特色，最终确立了以“乐思”为核心的育翔小学“乐思”英语课程，旨在通过课程的逐步研发与实施过程聚焦真实生活，突出对学生核心素养的培养，让学生享受英语学习的快乐，在快乐学习中学会思考，勤于思考，最终促进学生的全面发展，助力学校实现“创设适合每个孩子成长的教育”的办学目标。

一、课程研究与开发背景

（一）基于学校发展的需求

任何一门学科课程体系的建立与发展都离不开学校的文化，同时，学校的文化也是学科课程体系成长和壮大的根基。只有建立在学校文化基础上的学科课程群，才能够在保持自己学科特色的同时更深地植根于学校文化的沃土，获得更加充足的营养，得以更好更快地发展。

北京市西城区育翔小学是一所有着优良办学传统，教育教学质量始终保持高标准高质量并赢得社会广泛认可的学校。学校在传承60年来严谨至上教学传统的同时，注重从人性发展的角度关注学生的身心发展，致力于在知识的习得过程中塑造人、培养人，让学生快乐成长。在“以人为本、严谨治学、和谐发展”的办学理念下，努力打造“育心教育”的办学特色。育心教育就是在教育教学中以“育心”为宗旨，把“关注心灵成长，提高生命价值”作为核心发展观，让师生享受教育的快乐与幸福。学校以学生的全面发展为基点，以学生的个性创造为追求，确立了“幸福成长，助梦飞翔”的课程理念。

（二）基于时代发展的需求

近几年来，在不断深化推进素质教育的大背景下，学生发展核心素养的提出无疑又为教育提出了新要求，指明了新方向。当前，随着课程改革的深入发展，义务教育阶段的课程和教学更关注学生多样化、个性化的学习和发展需求，关注发展学生的核心素养，关注信息化环境下的教学改革。学校的英语课程群更要紧紧跟上时代的脉搏，才能够达成促进学生核心素养和学科能力共同发展的课程目标。

（三）基于学生发展的需求

课程是学生成长过程中重要的教育组成，对学生的成长和发展有着至关重要的作用。课程是为学生而存在的，是为促进学生发展而构建的，满足学生发展需求是课程建设的出发点和归宿点。因此课程建设要着眼于学生的需求，真正解决教育价值观和学生观的问题。随着新时代的发展，学生情况与实际需求也在不断变化，课程建设就不能一成不变，也要随着学生的需求而不断发展变化。“乐思”英语课程是为学生的发展而存在和构建的，要能真正解决学生的真实问题和促进学生的能力发展，课程的实施也要通过各种各样的活动，在活动中实现课程的最大价值。

（四）基于教师发展的需求

随着学校规模的不断扩大，育翔小学英语团队也不断发展和壮大，目前已经从最初的 3 名英语教师发展到了一个拥有 29 名英语教师，其中包含 5 名市区级骨干教师和学科带头人的教师团队。

随着课程改革的不断深入，英语团队全体教师认真学习《课程标准》，在各级专家的引领下理解、体会《课程标准》的变化以及给新时代英语课程带来的变化与契机，提升教育教学理念与教学能力，在教学中关注学生发展核心素养，将学生“必备”品格和“关键”能力的培养融入英语课程建设的全过程。

在教学研究与课程开发的实践过程中，逐步意识到原有的课程框架和内容已经不能够满足课改的要求和学生的需求，英语教师团队秉承学校的课程理念，开始重新梳理和构建英语课程群。

在课程开发构建的过程中，我校英语课程经历了从“单一”到“多元”的飞跃，“乐思”英语课程内容从原来仅仅基于英语教材逐渐增加了绘本故事课、语音课、歌曲畅游课、主题实践课等不同课型，大大丰富了课程内容，拓展了课程实施途径。

课程内容也经历了从选择教材到教材开发的飞跃，“乐思”英语课程群的内容从基于单一版本教材，逐步发展到围绕校本教材广泛、多元的选取和开发范围。如英语绘本故事课，最早以选取《攀登英语故事》《风筝英语故事》等绘本系列中的故事作为教学内容，按照教学的级别和学生的年级逐级完成。随着对于绘本故事课型的目标的深入理解，教师们开始尝试从不同版本中“精选”绘本内容，“精读”绘本，“内化”绘本，“精讲”故事，使阅读课成为学生发展思维品质和文化品格的重要途径。课程的开发过程促进了教师的专业化发展，教师不断成熟、不断提高的专业水平也保证了课程的实施效果。

课程是学生梦想起飞的跑道，课程承载了学生的未来。英语课程建设，以学校文化为基础，以学科素养为指导方针，以学生发展核心素养和学校育人目标为追求，依托学校的历史文化和办学理念，结合自身特色，把握时代的脉搏，心怀学生的实际需求力求通过英语课程群落的研发拓展，开设能够满足学生个性发展的特色课程，促进学生学科素养的形成，为学生的幸福成长奠定基础。

二、课程整体设计

（一）“乐思”英语课程内涵

“乐思”英语课程群秉承学校“育心”的课程理念，在课程目标的设定上以“乐”促学，以“思”促发展，无论从课程的开发还是课程的实施，都以学生的幸福成长和自由飞翔为目标，关注每个学生的成长，促进每个学生的身心发展。其内涵是：

1. “乐”——快乐，指向学生的心理状态和心灵成长，即教师不断激发学生的学习兴趣，激发学生学习的内在动力，帮助学生逐步树立英语学习的自信心，形成英语学习的良性循环，让学生“爱上英语，爱学英语，能学英语，会学英语”。“乐”的内涵是学生的主体地位得到尊重，教师重视唤醒和激发学生完善自我、成就自我的内在需要，善于引导学生形成主体意识、主体能力、主体人格。同时，教师能精心呵护孩子的天性，积极、主动地为其萌发和茁壮成长创造条件；关注学生内心情感体验，促进个性的发展、潜能的开发、自信心的建立、积极健康心态的形成，使课堂成为学生感受成长快乐的地方。

2.“思”——“思考”的能力，指向学生的核心素养全面发展，是学生思维能力与学习能力的不断提升。其内涵是通过不断拓宽的课程内容，不断延展的课程实践，不断深化的多学科融合，给学生提供更广泛的自由发展的空间，使英语课程构建出丰富、真实、多彩的生活世界，为开启学生智慧、陶冶学生情操提供交流沟通平台，确保每一个孩子的自主性能够得到充分表现，潜能得以充分发挥，在充满灵动与愉悦的课程中，学生的思维品质和文化品格得以最大限度的发展，学生的学习能力不断提升。

(二)“乐思”英语课程框架及目标

1.“乐思”英语课程框架

“乐思”英语课程从课程功能结构上秉承“育心”课程构建模式，由“核心课程”、“拓展课程”和“个性化课程”三大部分组成，如图 1-6 所示。

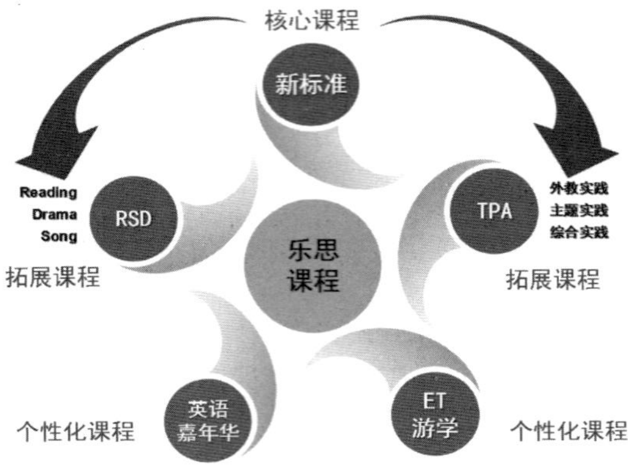

图 1-6　乐思英语课程框架

“乐思”英语课程的核心课程使用外语教学与研究出版社《小学英语》教材(新标准英语)。该课程以国家课程为基础，面向全体学生，是我校英语课程建设的基础性课程和根基。

学科拓展类课程包括“RSD”(Reading，Singing and Drama)和“TPA”(Topic Practical Activities)课程群。该课程群面向全体学生，以实践为主要形式，重视培养学生实践能力和社会参与能力。RSD 课程群以英语学习兴趣培育为落点，以阅读、说唱、表演三组课程为支撑，让学生在多种形式的学习活动中形成初步语感、蕴育兴趣、打好基础。TPA 即主题实践活动课程群，以语言实践及思维培养为方向，包括基于主教材单元主题的实践课、年级跨学科主题学习、学校综合实践活动。TPA 课程群扩展了课程空间、打破小课堂，突出了英语学习的跨学科融合，注重学生在体验参与语用实践活动中从语言的输入走向言语的输出，促进英语语言学习向英语言语运用的自然转化。在此基础上，课程还不断加强英语学科与其他学科间的有机联系，关注学习本质和学生的需求，关注学生学习能力的发展，让学生在课程中有所思、有所悟、有所为，通过综合实践真正获得思维品质的发展和素养全面的提升。

“乐思”英语课程的个性化课程以培养学生的创新精神和个性化的素养为中心，融选择性与多元性为一体，注重对学生的个性培养，努力发掘每个学生的独特魅力，满足学生多元发展的需求。

2.“乐思”英语课程的目标

在研发和实践过程中，“乐思”英语课程的目标也逐渐清晰起来：使学生通过英语课程群的学习，包括英语实践活动、学科融合、自主学习、个性发展等课程，促使学生逐步掌握语言知识，提高语言技能，不断提升语言实际运用能力。“乐思”英语课程的学习过程也是学生不断磨砺意志、陶冶情操、拓展视野、丰富生活经历、开发思维能力、发展个性和提高人文素养的过程。

3.“乐思”英语课程内容

“乐思”英语课程以新标准英语教材为核心课程，“歌曲”、“戏剧”、“语音”、“阅读”、“游学”、“实践”共七大板块的课程框架。这七大板块课程之间互为支撑、相互联系，形成立体、多元的“乐思”英语课程体系(如图 1-7 所示)。

图 1-7　乐思英语课程内容示意图

✦核心课程：以国家课程为基础，选用新标准英语教材，面向全体，是学生提高语言能力获得全面发展的根基。

✦歌曲——Song：在小学阶段，通过唱歌曲学英语是一种行之有效的学习方式。课程中的歌曲选自教材以及同主题的扩展内容。结合学校每年举办的红五月歌咏比赛活动，还开展英语歌曲联赛作为拓展课程。在个性化课程中，还为喜欢英语歌曲的孩子们开设了“英文唱游”的课程，满足了学生的需求。

✦语音——Phonics：语音知识和拼读是英语学习中的关键环节，而基础课程的新标准教材没有语音专项学习板块。为了弥补教材的不足，我们根据实际情况，采取深挖教材——拓展阅读——逐层渗透——稳步提升的方式，一方面依托教材提取、归纳语音专项课程，另一方面在二、三年级开设了“语音绘本”课程，包括课内的绘本阅读课程和学生自主学习的课外绘本阅读，渗透基本语音知识的学习，为学生拼读能力发展提供了有意义的语境和依托。语音三个层次课程的内容如表 1-7 所示。

表 1-7　语音课程层次与内容

年级	核心课程	拓展课程	个性化课程
一年级	下册补充字母发音	神奇儿童英语绘本阅读（包含字母发音规律）	“有趣的字母”——Boxfish 字母工厂——“跳跳蛙”
二年级 三年级	字母及字母组合的发音（语音语调准确性）	绘本阅读（包含字母组合发音规律）	“瑞格叔叔”自然拼读
四年级 五年级 六年级	语音的流畅性（音节与意群的划分）	初识国际音标	英语趣配音活动

✦戏剧——Drama：英语戏剧课程包含核心课程中的课本剧表演以及个性化课程中的“经典我来演”和“科幻我来拍”两个主题课程。这两个主题课程根据学生语言能力和兴趣爱好而开设，其一聚焦经典故事剧目，如《小红帽》、《三只小猪》，其二聚焦现代生活与未来科幻的畅想，更具想象力和创造力。为了突出戏剧课程原汁原味的特色，在实施中我们聘请外教和具有专业资质的英语戏剧老师进校授课并负责对教师培训。同时，通过参加各类英语戏剧比赛，为学生搭建展示自我的平台，赢得了学生和家长的好评。

✦阅读——Reading：阅读是全面发展语言素养的重要途径，《课程标准》中对于学生的阅读能力也有明确的要求。“乐思”英语课程在核心课程基础上开展了多种形式的阅读课程。阅读课程以绘本故事为载体，使学生在阅读故事的过程中激发阅读兴趣，提高阅读能力，促进学生思维品质的发展。选择的绘本主题包括科普、童话、日常生活等，目的是使学生能够熟悉多种类型的文学作品风格。“乐思”英语阅读课程从有声有色的音频、视频开始，从图文结合的绘本开始，从整体理解意义开始，通过阅读打开学生认识世界的那扇窗。课程内容如图 1-8 所示。

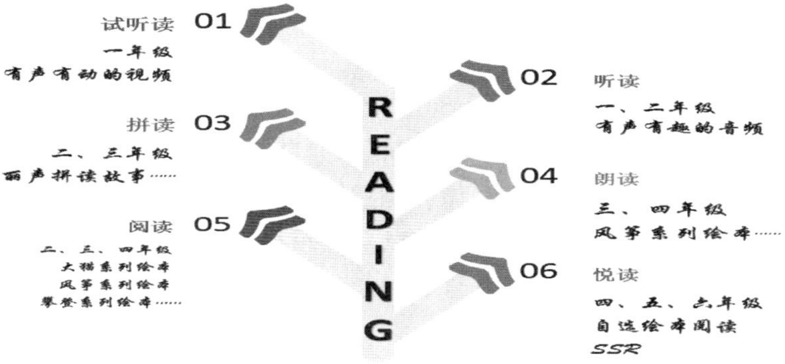

图 1-8　Reading 课程示意图

根据各年级学生的学习特点，设置、选择不同的阅读课型，如低年级的试听教学；低、中年级的语音教学；中年级的绘本朗读与表演训练。通过低、中年级的听读、拼读、朗读逐步发展学生的基本阅读能力，到高年级达到“阅读”和“悦读”。将 SSR 自主阅读和自选绘本阅读有机结合，充分发挥绘本阅读的优势，将“乐”与“思”融合在一起，读中悟情，读中激趣，读中创思，读中品味人生。

✦TPA（Topic Practical Activities）：主题实践活动是“乐思”英语课程中拓展课程的重要组成部分，是我校特有的英语课程内容。TPA 课程中包含外教实践课(教材话题语言实践课)、学校主题实践活动、跨学科实践活动等多个课程，如表 1-8 所示。

表 1-8　主题实践活动课程内容

年级	外教实践	主题实践	综合实践
一年级	Family	万圣节，圣诞节，魅力时装秀	识鸟，爱鸟，护鸟
二年级	Schools & Animals	端午节，元宵节	我爱风筝
三年级	Birthday，Hobbies & Sports	元旦，春节	机场小达人

续表

年级	外教实践	主题实践	综合实践
四年级	Healthy Life, New Inventions & School Trip	复活节，中秋节，重阳节	仰望星空
五年级	Festivals & Rules	父亲节，万圣节，中元节，清明节	执手敦煌
六年级	World Travel & Friends	感恩节，母亲节	火星移民

中国学生发展核心素养提出要培养“全面发展的人”，其中实践创新是关键要素之一。语言的运用与实践能力是英语课程的一个重要目标，因此，学校的课程设置要拓宽学生实践、体验以及应用语言的途径和渠道，同时借助实践类课程，打破学科界限，在自然的学科融合中，从学生的兴趣出发，在动手、动脑和动口的实践活动中培养学生良好的学习习惯和创新意识与能力。

在 TPA 课程中，我们梳理、提炼出各个年级教材的主题与话题，由外教根据国外真实生活场景，补充和拓展学习资源，设计活动，作为外教实践活动课程内容。

在主题实践活动中，学校定期开展节日及文化交流主题活动，如圣诞节、感恩节的主题活动已经成为我校的传统活动。为了传播和弘扬我国传统文化，专门拓展了文化主题活动，如端午节、春节、中秋节等传统节日的主题活动，设置了给国外友好校写祝福语、寄贺卡等内容有趣、学生乐于参与的活动，介绍我国传统文化，让中国的文化、节日和艺术走出国门，使语言真正成为文化交流的使者。

课程还设置了以年级为单位的跨学科综合实践活动。英语学科作为语言与表演呈现、参与、再现同一年级各个学科共有的主题内容学习，如鸟、风筝、敦煌飞天等，从活动内容到展示汇报，都聚焦学生综合能力与素养的培养与提高。

✦ET 游学：ET 游学课程是“乐思”英语个性化课程中的重要组成部分。这个课程名称借用了——ET“外星人”的意义，预意雏鹰展翅高飞、实现梦想，希望学生们能够在人际交往中顺畅地“沟通与交流”。ET 游学课程中的“ET”其实是 Educational Tour 的首字母，意指在行走中成长。它包含两个课程“ET in the city”和“ET in the countries”。“ET in the city”指向学校各种研学活动，为具有一定英语特长的学生提供英语任务，如用英语介绍活动目的和任务，制作英语展报，向友好校师生介绍我校开设的课程情况等；“ET in the countries”指向“国外游学”课程，定位是为部分具有语言特长的学生赴国外进行友好交流的项目。经过不断的研发与实践，ET课程已经形成了“知识篇”、“任务篇”、“能力篇”、“理财篇”、“礼仪篇”等多个主题的课程内容。

✦嘉年华课程：为了满足学生差异化、个性化的学习需求，学校定期开展英语嘉年华活动，关注学生语言能力的提高和综合素养的培养。嘉年华活动形式多样、内容丰富，有亲子秀、短剧表演秀、配音秀、歌曲秀等，在丰富英语课程内容的同时关注学生个性的发展，最终实现学校的育人目标。

三、课程实施策略与特色

“乐思”英语课程充分体现了学校育心教育理念和当下学生发展核心素养的价值要求，从核心课程、拓展课程和个性化课程三个层面设置七大课程内容，各领域的教育目标相互渗透并有机结合，促进学生主动发展、全面发展和终身发展。

（一）“乐思”英语课程聚焦真实情境和语言实践

“乐思”英语课程的实施注重为学生营造真实情境，让学生在边听、边看、边做的过程中获得真实的英语学习体验，促进学生联系实际、深入思考，真正做到“Learning with fun，rising with thinking”。

经过几年的研究与实践，我们在创设情境、激活思维方面不断努力，尝试了新的教学模式。例如，在课堂教学中，紧紧抓住教学内容的主题和话题，通过多种途径将学生带入情境，让学生在情境中感受语言；在语言呈现的环节，通过创设开放性的问题，引导学生观察、对比、联想；在问题链的设置中，不仅仅聚焦事实性问题，如What、When、Where引导的疑问句，还经常用Why do you think so? If you were . . . , what would you do? 等高阶思维问题，鼓励深入思考，培养学生的批判性思维能力；在完成语言任务的环节，结合学生的生活实际和主题设置不同的语言任务，鼓励学生在在真实生活情境中运用语言进行表达。

再如TPA板块中的外教实践课程，以“真实情境”和“语言实践”为主旨。该课程由外籍专家根据教材主题自主设计，内容涉及家庭、职业、旅游、购物、问路等生活的多个方面，是我校特有的校本课程。这个主题实践课程充分依托外籍专家的语言优势和文化优势，课堂上打破教材限制，还原真实生活场景，学生在真实情境中通过沟通、交流提高英语听说和交际能力，也培养了在实际生活中的问题解决能力。

在“乐思”英语课程的阅读板块中尝试采用“主题阅读”教学模式。该模式借鉴中文教学中的“群文阅读”，在一节课内，选择相同主题的阅读内容，通过预读、精读、泛读等多种阅读方式，引导学生在复杂资源中自由进行信息的提取和有效聚合，从而实现阅读者个体或社会意义的建构。“乐思”课程的“主题阅读”选材贴近学生的实际生活，如交友、理财等，利用多种途径与载体帮助学生通过模仿表演、辩论、采访等形式引发深层次思考和讨论，激发学生对于相关主题的深刻认识。在主题阅读课上，阅读是获取信息的途径和媒介，语言知识和语言能力是学生进行表达和交流的工具，而学生深入思考和表达的过程，更凸显了语言实践的魅力，体现了对学生综合素养及创新思维的培养。

（二）“乐思”英语课程体现学科融合，促进综合发展

“乐思”英语的拓展课程及个性化课程打破学科界限，注重学科整合，尊重学生的个性发展需求，从学生的兴趣以及智能优势出发，鼓励学生在实践中运用知识和能力解决问题。例如，嘉年华课程鼓励学生用“学过的话”尝试做“以前没有做过的事情”，通过各种活动鼓励全体学生积极参与，并采用绘画、音乐、舞蹈、小品、手抄报等多种形式呈现、表达和分享课程内容，课程的最终目标直接指向学生核心素养的发展。

英语嘉年华每年举行一次，设置了丰富多彩的全员参与活动，如：读英语绘本、读英语故事书、制作班级英语阅读手抄报展板；活动中学生自主准备各类英语节目，有故事秀、亲子秀、小小歌手秀、英语达人秀（包括演讲、笑话、脱口秀等）、短剧明星秀（有课本剧、戏剧等）、配音高手秀等等，节目的形式有个人节目和集体节目，低年级还有亲子节目。

嘉年华活动全校参与，各级各类英语节目先在班级展演，由学生分类自主推选出优秀节目参加年级的选拔，最后选拔出的节目参加校级展演，在新年联欢会上播放。

拓展课程的主题实践活动，结合学校的研究主题，鼓励学生运用语言知识在真实情境或者模拟的真实情境中做事情。例如，学校开展的“敦煌”主题

活动月中，英语学科组织了“走进敦煌”旅行计划制订、实施及汇报的活动。学生综合运用多种能力，从制订计划到计划的实施，从游记撰写到制作“导游手册”给外国友人介绍，每一个任务都融合了跨学科的知识和能力的培养。当学生从敦煌归来，站在讲台上自信地用英语介绍敦煌的壮丽和华美，充分展示了学科实践课程的魅力。

（三）“乐思”英语课程强调自主学习，为终身发展奠基

“乐思”英语课程在实施中采用课题研究的方式推进对学生自主学习能力的培养。学校英语组申请了国家级课题“混合式学习在小学英语课程中的实施与研究”，作为推进各层级课程的依托和载体。如 SSR 自主阅读课程，经过一段时间的研究和尝试，已经从一个年级推广到全校各个年级，从课内自主阅读逐步拓展到课外自主阅读，从单一版本的阅读发展到了多版本多形式的阅读。学生在持续阅读的过程中收获了快乐与成功的幸福感，SSR 阅读课程内容和实施如表 1-9 所示。

表 1-9　SSR 自主阅读课程的实施

年级	课程内容	课程实施方式	课程目标	课程效果评价
一年级	Peppa Pig 神奇儿童英语大猫英语系列读物	课下自主	激发阅读兴趣 培养听读习惯	SSR 自主阅读英语评价展示活动（读、配音）
二年级	Peppa Pig 风筝学科英语系列读物 大猫英语系列读物 典范英语系列读物	课下自主	激发阅读兴趣 培养默读习惯 初步形成文本意识	SSR 自主阅读英语评价展示活动（读、演、制作绘本推荐卡）
三年级	Peppa Pig 风筝学科英语系列读物 大猫英语系列读物 典范英语系列读物	课下自主	激发阅读兴趣 培养持续默读习惯 形成文本意识 初步获取故事大意	SSR 自主阅读英语评价展示活动（读、演、制作故事漂流瓶）
四年级	教师推荐读物 学生自选读物	课上 5 分钟 + 课下自主	养成阅读习惯 掌握阅读策略 感知英语思维 培养思维品质	读书节展示（如：“我快乐我阅读”手抄报展示活动）

续表

年级	课程内容	课程实施方式	课程目标	课程效果评价
五年级	教师推荐读物 学生自选读物	课上5分钟 + 课下自主	养成阅读习惯 掌握阅读策略 感知英语思维 培养思维品质 形成良好品格	读书节展示(如:“我阅读我分享”阅读交流会活动)
六年级	教师推荐读物 学生自选读物	课上5分钟 + 课下自主	养成阅读习惯 掌握阅读策略 感知英语思维 培养思维品质 形成良好品格 拓展国际视野	读书节展示(如:“我阅读我收获”好书推介会—用写好感想的自制书签换书活动)

(四)“乐思”英语课程重视利用数字资源,构建“混合式”学习

随着多媒体+时代的到来,数字学习和网络学习平台的兴起为英语教学开辟了新的途径,为构建“混合式”学习课程提供外部条件。信息时代的外语学习以学习者为中心,强调学生个性化成长的学习,跨时空虚拟环境的学习,重视与英语世界直接联系的英语学习,从语用、应用和实用出发,是学用一体的信息时代的教学!

混合式学习课程要求教师要具备前沿的教育理念,熟练的信息技术能力。在开发模式上与其他课程开发模式不同,混合式学习课程的开发采用自下而上的开发模式,充分调动教师的主动性和创造性,以教师为主体,发挥教师的优势进行开发。学校英语教研组为教师提供广泛的资源推介、APP程序培训等前期工作,教师根据自己的兴趣选择适合自己的课程内容和媒介,向学生定期发布并进行个性化指导。

目前育翔小学的混合式学习课程已经逐步形成了多媒介、多形式、多级别的课程模式,构建了互动交流多、个性指导多的学习模式。如图1-9所示,教学更多聚焦在学生个体的成长方面。教师在关注学生个体的同时,可以利用大数据了解学生的学习情况,关注每个孩子的学习进度,找出孩子学习中的瓶颈,从而对下一步教学内容及教学策略做出调整。

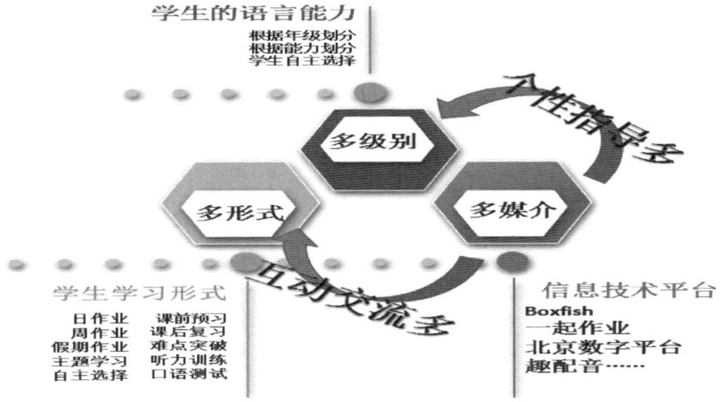

图 1-9　混合式学习方式示意图

在自主阅读和混合式学习的课程研发和实施的过程中，我们发现学生更加乐学了。混合式学习的多种平台调动并促使学生形成强烈的学习动机，增加学习的兴趣，使学生愿学和乐学，也越来越会学了。在混合式学习过程中，教师更加关注学生个体化辅导，可以充分利用信息技术提供的大数据，强化方法指导，让学生逐步掌握学习方法和学习技能，帮助学生了解和反思自己英语学习中的进步与不足。通过实践发现学生通过自主学习，增强了自省的意识。在自主学习过程中，学生不仅学习知识和技能进一步提升能力，对自己作出客观的评价，从而进行自我控制、自我调控，形成健康的心理品质，同时也使自己的注意力、意志力和抗挫折能力不断提高，形成健康的心理素质。生动有趣的学习方式，无限扩展的学习内容和平台，使学生学会适应生活、适应学习、适应环境，学生根据自己的兴趣发展特长，彰显生命活力。

四、课程评价

课程评价是课程建设中的重要一环，是课程的有力保障和有效监督。“乐思”英语课程采取发展性课程评价，对课程评价原则和课程评价方法等进行即时评价或修订，确保课程体系能更好地为学生和教育教学服务。课程评价以科学性、可操作性、参与性及多元化为评价原则，对课程设计进行目标评估，对课程实施过程进行监督与评价，其中包含对教师的评价、对学生的评价和对课程的评价。

对学生的评价：从评价主体上包含学生自评、小组评价、家长评价、指导教师评价。从评价方式上既有形成性评价也有终结性评价，既有定性评价，也有表现性评价(即学生根据课程内容自主设计评价量规并进行评价)。多种评价方式充分保证了评价的多角度和评价结果的客观性、发展性，为学生的可持续发展奠定了基础。

对教师的评价：包括教师自评、教研组内互评以及学校评价。客观及时的教师评价有利于教师准确地认识自我，有利于促进教师不断提升，对调整和把握课程方向有着重要的意义。

对课程的评价：采用课程效果评价，即对课程本身的终极评价，做为检测课程成败的重要因素。通过显性评价及隐性评价相结合，量化评价与质性评价相结合，从多角度、多层次进行评测，从而全面、立体地评价课程，推动课程的整体发展。

学生是课程的主体，是课程最大的受益者。以育人目标为出发点的“乐思”课程充分调动了学生的积极性，激发了学生的内在潜能，让学生在课程中找到了自己的专长与方向，对提高他们的自身能力与素养、绽放自身独特魅力起到了重要的作用。丰富的课程设置满足了不同学习特征的学生需求，课程的开发提高了语言学习与真实世界的联系，给了学生更多在真实情境中表达和探究的机会，提高了学生分析和解决问题的能力。

教师是课程中施教的主体，是课程的建设者，也是收获者。“乐思”课程充分发挥了教师的教学才华，提升了教师专业素养。课程的开展为教师的职业发展提供了强有力的帮助，为教师的发展拓宽了渠道，教学中教师更加关注营造多向互动的课堂氛围。英语课程群中跨学科课程的研究促进了教师教育教学理念的不断更新，教师更加关注学生综合素养的不断提升。在各个课程的实施过程中，师生的单向互助活动逐步转向学生与学生、小组与小组等的多向交流，更能培养学生的合作与交流能力，团队精神和创新精神。学科融合的课程培养了学生的基本技能、批判性的思考能力、解决问题的能力、利用信息的能力、创造性思维及艺术表现能力，促进了学生主动学习、与人交往等综合素养的全面提升。

课程开发与研究使教师收获满满，在这一过程中分享了学生在课程学习过程中的“乐”，更感受到了学生语言能力和思维品质的不断提升。课程建设不仅仅促进了学生的提高，更促进了教师团队的专业成长。当然，在开发过程中我们也有很多困惑，也遇到了很多困难，课程群本身也还有很多需要改进和提升的地方，我们将继续在品阅“乐思”英语的过程中，激趣促思共发展，携手引领学生的发展，不断提升学生的学科素养。

案例点评

育翔小学的“乐思”英语课程以“育心”为目标，遵循学科基础和小学学段特点整体构建，特别是拓展课程“RSD”和“TPA”课程群，紧紧围绕“乐思”培养兴趣、启发心智，有着非常显著的特色。

一、基于核心素养培育的课程群建设

基于学科本位建设的课程在国家课程体系中虽然重要，可是多从增加学科知识与发展学科基本能力出发，往往会忽视学生主动发展、全面发展的需求。核心素养理念指导下的课程教学改革迫切需要从满足学科基本学习需要的规模化发展转向内涵式发展，要以发展学生核心素养为核心，小学英语课程建设也需要契合这个时代发展的主题。

育翔小学“乐思”英语课程，注重在课程的逐步研发与实施过程中聚焦真实生活，突出对学生心智的启发与培养，在课程实施的过程中注重学科融合和语言实践，不断提高学生在真实生活中运用语言以及解决生活中实际问题的能力，不断提升学生的思维品质。丰富的课程种类，混合式的学习方式，丰富了学生的语言实践，拓宽了学生的文化视野，让学生享受英语学习的快乐，在快乐学习中学会思考，勤于思考，最终促进学生的全面发展，助力学校实现“创设适合每个孩子成长的教育”的办学目标。

二、注重夯实学生基础的课程

为学生在英语学习中建立全人发展的基础和持续学习英语的基础，“乐思”英语课程重视课程群落的内在衔接，七个学习领域全学段、分年级整体设计，由浅入深逐步发展。除此之外，各课程群落注重通识能力培养，特别是在方法和策略的指导上。以RSD课程系列的阅读课程为例，在低年级主要是利用有声绘本进行视听教学，培养学生对印刷品的熟悉度；在中年级利用故事绘本培养学生的朗读、表演能力，培养读图、预测等阅读策略；在高年级的阅读中，将SSR(持续默读)和自选绘本阅读有机结合，充分发挥绘本阅读的优势，引导学生关注篇章结构知识，培养批判性思维。

再如TPA课程，指向语言实践。课程群包括外教基于教材话题的主题实践课、学校主题实践活动和跨学科主题实践活动等。这门课程所选用的材料，能够提升学生参与的积极性，发展学生的创新能力。例如，外教课的主题实践活动，会从主教材中选出研究的问题点，如四年级教材中有关于“情绪”的话题，基于此话题，联系真实的生活情境设计出不同的体验性活动，让学生在情境中体会不同的情绪变化，并学习如何管理情绪。学生在情境中能够发挥主观能动性、创造性，深入地体会有关情绪的话题内容，通过交流和讨论，解决真实生活中的情绪管理问题。

三、线上加线下的混合式学习方式

育翔小学的英语教师团队参与过中央电教馆和北京市数字学校的微课项目研发，其中有的教师还为北京市数字学校开发了混合式课程“景点之旅”、“动物之旅”、“名人之旅”等主题课程，课程采用虚拟旅行的方式呈现。正是因为教师有信息技术的优势，学校在进行课程研发的时候，探索了线上加线下的“混合型课程”，满足不同孩子的个性需求。目前，学校主要借助“北京市数字学校”和其他市场化的数字平台，逐步形成多媒介、多形式、多级别的课程。教师在关注学生个体的同时，还可以利用大数据了解学生的学习状况、学习困难，进行下一步的教学调整及个性化辅导。

撰稿人：姚映红

点评专家：郭玮

第二章　实践探索：课程统整的视角与路径

第一节　课程统整的路径探索

一、课程标准校本化实施

“面向全体学生，关注语言学习者的不同特点和个体差异”是《课程标准》提出的基本理念之一。这一理念体现了课程实施的基本思想，即以学生为主体，考虑全体学生的发展需求，使英语课程成为学生在教师指导下构建知识、发展技能、拓展视野、活跃思维，展现个性的过程。因此，基于学校实际，校本化实践课程标准以期最大限度满足学生发展需求是学校实践课程理念的必然选择。

课程标准校本化实施是以一种目标重构的策略来实现其最终指向的结果，这种重构是对国家课程目标的重构，同时也是对课程资源进行整合的一个过程，也是使教学设计多元化、课程评价多元化的一种策略。课程标准校本化实施要基于校情、学情，充分考虑各校英语学习氛围、基础和发展差异的不同，需要突破学科局限，统整课程资源，找准课程建设与学生成长需求的契合点，当然，更要将核心素养的理念及内容融入各类课程。基于以上观点，课程标准校本化实施是指学校、教师在实施课程标准的过程中，依据学生的学习需求、学校的性质和特点对英语学科学习目标细化，对学科学习内容进行选择、补充、调整、改编、整合等一系列课程再开发的改进活动。

课程标准校本化实施，首先要基于课程标准构建校本化英语课程目标及学习内容，形成符合本校实际的课程纲要，让“课程理念”落到实处。国家课程是全体学生共同学习的课程，着眼于奠定学生英语学习的共同基础。依据《课程标准》落实国家课程教材的学习，要考虑本校的教学实际，根据学校确定的学生培养目标来定位，为不同资质的学生提供多维发展空间，以综合多元、增减容量、调整难易度来提高学生学习的适应性。

课程标准校本化实施，其次要基于课程理念形成具有校本特色的课程实施途径与方法，使学生的英语学习方式呈现多样化趋势。这就要求课程要从学生的学习兴趣、生活经验和认知水平出发，以自主性、探索性学习为基础，通过参与性学习、体验性学习和实践性学习，实现学习方式的多样化。在各类课程实施中，教师要根据学生的实际语言基础和学习发展需要，尽可能为学生创造最大化的学习、实践语言的机会，引导学生在尽量真实具体的语境中，在使用语言的过程中、在充满趣味的活动中、在完成真实的语言任务中加深对语言的理解，形成和发展语言能力，学会“做事”与“做人”。

课程标准校本化实施，还要基于学生持续发展建立具有激励作用的评价体系，让过程性评价真有过程。对学生英语学习的评价要采用贴近学生生活与课堂教学活动相近的方式，以形成性评价为主、终结性评价为辅，做到正式与非正式相结合，使英语学习评价成为激发学生学习兴趣、促进学生综合语言运用能力提高的有效手段。这要求教师更加注重对学生日常学习表现的评价，关注学生在学习过程中的点滴进步和变化，即时性评语、学生成长档案袋、各种评价标识、表格和成绩报告单的引进，既要融入趣味因素，又要发挥激励功能。同时，要改变单独由教师评价学生的状态，学生本人、同学、家长等参与到评价中，实现了评价参与者的多元化。教师还要加强课堂评估，通过课堂提问、学生质疑、小组讨论、调查活动、测试反馈等方式，多方面了解情况，诊断问题，优化学习习惯，提高学习效果。小学低年级不要采用终结性测试，主要采用伴随课堂教学的形成性评价。中高年级终结性测试要优化测试的内容与方法，强化评价对教学的诊断性和导向性。教师应该积极落实并改进形成性评价方法和终结性评价方法，使评价内容落实、过程真实，成为教学的支持和推动力量。

总而言之，英语课程的校本化实施，是把英语课程目标与学校具体教育教学目标加以整合，对作为国家课程内容载体的英语教材内容进行选择、改造，构建适合学校和学生发展需要的英语课程内容具体形态，依据课程标准提供教学建议，灵活运用教学方法，使其适合学生个体的学习方式和语言学习特点，构建具体多样化的评价体系的过程。

二、英语活动整合转化

在学校以校本课程为重、构建校本化课程的背景下，英语学科课程建设往往以各种兴趣活动、社团活动为支撑，活动占比较大，很多学校也将这类活动称为学科的校本课程。但是，把结合学校要求而开展的各种活动等同于学科活动课程，不能很好地体现课程的内涵，同时也窄化了其外延。另外，学校在英语学科活动开发上，偏重活动增量，而整体设计与效益不佳，例如英语歌曲演唱、戏剧表演、讲英语故事、英语节等活动注重结果展示，对学习过程重视不够。

英语课外活动堆积、碎片化等现象产生的原因是多方面的。活动堆积往往起源于一种认识误区，认为为了满足学生的多元学习兴趣需求，活动越多越丰富就一定会越好。另外，各种活动累加也源于各种自上而下的教育教学要求，各方面的专题教育、各领域的主题学习进学校、进课堂，引发了学校各种活动过多、过大、过随意的问题。在这些背景下，为迎合、完成各种时间节点的展示活动，师生忙于强化练习，很容易出现需求与兴趣、深度与广度方面的矛盾。

英语课外活动是英语学习的重要组成部分，能为学生的语言实践和自主学习提供更大的平台，能有效激发和提升学生学习英语的兴趣、丰富语感、开阔视野、增长知识、发展智力和塑造性格。英语活动整合转化为活动课程可以“连点成面”，通过统整提高学校整体课程效益，使学生在活动中获得更多意义，激发更广泛的兴趣。

- 实现将零散的活动整合转化为活动课程，要深入理解活动课程的内涵。活动课程的课程组织形态又称经验课程，更重视学生的直接经验，以学生的兴趣与需求为课程组织的中心，更强调学生实践的经验，让学生从实际参与中获得解决问题的经验。由于活动课程以兴趣为课程的起点，小学生兴趣容易转变，整体课程设计要注重单行设计，留有空间，不易僵化。

- 实现将零散的活动整合转化为活动课程，要注重与学科核心课程的衔接，实现关联与融合，让学生的课堂所学与课外活动实现无缝对接，打造课内外有机交融的绿色通道，真正吸引学生主动参与到语言实践中，使学生处于一个更加开放和多样的英语学习环境之中，在参与活动、完成任务中感悟语言、感知文化，实现英语语言的内化和转化。
- 实现将零散的活动整合转化为活动课程，要注重设计活动内容的广泛性。目前英语学科活动以艺术领域为多，基本以歌曲演唱、戏剧表演等为主，语言与文化、语言与科学等领域统整的活动相对较少。英语不仅是学习的内容，还是学习的工具，在活动课程统筹或开发中积极实践由孤立单纯的英语教学向英语与不同学科内容相结合的教学模式发展是有意义的实践探索。利用校园生活资源等一切可以利用的资源，运用多元化的学习方法与手段，如主题阅读探究、研究性学习、实地调查、合作学习等，让学生通过做中学的方式提高学生的综合语言运用能力，提高学生跨学科跨文化的认知思维能力、社会交际能力与问题解决能力。
- 实现将零散的活动整合转化为活动课程，还要系统思考学段、年级同类活动设计的层次性。以语言与表演艺术为切入点整合活动课程，在不同年级或年段设计影视社、戏剧社、创意表演与经典戏剧社等不同层次的社团满足不同层次学生的需要。

北京市景泰小学以“人人面向课程，课程面向人人”为理念整体构建“幸福课程”，英语学科基于学校理念开发了“幸福 e 路”英语课程，包括核心课程、拓展课程以及活动课程。其活动课程群基于学生兴趣发展，采用由学生结合自己的兴趣及特长进行自主选择的方式开设，以“Enjoy English，Enjoy Life”为目标，从英语与文化、艺术的视角整合各类学生活动开发开设“特色节日课程”“写写画画学英语”“我是汇编小达人”“我是表演小明星”“五彩世界——小大使课程”等活动。课程中学生实行走班制，教师实行竞聘制；课程实行定时间、定内容、定地点、定目标的四定管理措施，确保课程扎实开展。活动课程让学生英语语言学习“浸润其中、体验其中、挑选其中、热爱其中”。

总之，英语课程群落目标的定位要关注不同层次学生的需求，英语活动课程以充分尊重学生的个性特征为前提，既要有普适性条目，也要体现适切学生个体特质的选择性。通过课程化整合零散的英语活动，构建活动课程群落，既可以整合学校业已开展的各项活动，实现国家课程和校本课程的有效链接，形成能够促进学生发展的多领域、多层次、可选择、多元化、校本化的英语学科课程体系，又可以满足和丰富基于学生个性发展的需要。

三、基于主干拓展延伸

目前，很多学校学科拓展课程开发数量大，而内在联系少，存在一定碎片化现象。课程碎片化是指当课程计划涵盖的知识广度过大时，课程的开设门类往往就会超过学校能够承受的限度，从而使课程质量下降。比如，有的学校面向英语学科核心素养、《课程标准》等设定的目标，设计开发了口语、听说、视听、阅读、书面表达 、趣味英语、英语游戏、节日主题、影视欣赏等“面面俱到”的课程，教师在努力维持其高质量运行时往往感到身心疲惫、力不从心。

碎片化的课程群散落在课程边缘，不能有效支撑课程的整体质量。要防止英语课程开发的碎片化，学校要从整体着眼进行课程群规划，围绕学科的“中轴主干”，审视课程的价值取向，建立承载学科特色的英语课程群，不要求面面俱到，避免开发那些离英语学科素养较远、或目标较为单一的课程。英语在我国属于“外语”而非“二语”，在真实语言学习环境缺失、母语和目标语差异较大的情况下，英语学习内容及目标，方式和方法更要凸显整体构建的思路。

建构语言学科课程的结构系统，要明确课程群的性质是中心，课程群结构框架是主体，达成课程群的功能是目标。英语作为基础教育阶段的主要课程，在人文属性、思维建构和交际功能三个方面的作用及价值构成了学科课程群的基础。例如，拓展课程在教材内容选编时要突出主题性，关注表达、阅读能力的培养，拓展使用视听、绘本阅读等材料，拓展学生文化视野，在分层、开放的学习环境中指导学生学习。

基于学科主干拓展延伸，构建课程群要立足于课程系统、联系、个性化的统一。语言输入假说(input hypothesis)和语言输出假说(output hypothesis)为构建一体化课程群提供了坚实的理论基础。Krashen(1985)认为，从某种意义上来说，人类习得语言最基本的途径就是对语言输入的理解。“可理解的语言输入”是语言习得的必要条件。他把学习者当前的语言知识状态定义为“i”，把语言发展的下一阶段定义为“i+1”。也就是说所输入的材料与学习者现有的知识水平之间的“缺口”，或者说“距离”不能太大，否则所输入的语言材料就不能对学习者的语言发展产生积极作用。Swain(1985)提出了与“输入假说”相对立的“输出假说”。他认为，单纯的语言输入对语言习得是不够充分的，学习者应该有机会使用语言，语言的输出对语言习得同样具有积极的正面意义。他指出输出的三种功能：一是输出能够促进学习者注意到自己想说的与能说的之间的差距，即能激发提高有意识的学习；二是输出是检验理解力与语言符合规范假说的一种方式；三是输出为元语言学习机能服务，能使学习者监控并使语言知识化。在现实生活中，听与说，读与写，理解与应用等输入与输出密不可分。仅有可理解性输入还不足以产生外语习得，语言输入只有在语言环境中和交流机会结合起来才能促进输出，语言习得才能真正有效，语言的系统性和完整性才能得到保证。因此，有意义的语言输入为有意义的语言输出提供了前提条件，而输出则能检验对所输入信息的掌握程度，进而可以使学习者在进行语言输入时具有更强的目的性和针对性。

以“输入假说”和“输出假说”为基础，围绕英语学习的中轴或主干拓展和延伸，体现国家课程对学生英语听、说、读、写能力的要求，有利于落实语言能力发展这一核心任务。课程群落的构建能充分利用情境、协作、会话等学习环境要素，充分发挥学生的主动性、积极性和创新精神，不仅使学生夯实英语基本功，有效地实现对所学知识的意义建构，而且能使学生在学习过程中学会学习，锻炼和培养自主学习和自我发展的能力，全面提高人文综合素质。

以英语阅读课程群构建为例，阅读在语言学习的各个阶段都发挥着至关重要的作用，主要表现在三个方面：第一，通过语言输入，学生可以在真实的语境下学到丰富的词汇、语法、句型和篇章结构；第二，通过阅读可以接触广泛的人文、科学和自然知识；第三，阅读有利于学习不同国家和地域的文化，增强文化意识。在母语为汉语的环境下，英语阅读是丰富英语语言学习环境、增加地道语言输入、实现语言教学“工具性”和“人文性”双重属性的重要载体。围绕学生阅读素养培养开发、设计阅读课程群落对实现小学英语教学效益最大化及内涵式发展都具有积极的现实意义。英语教育专家王蔷提出以阅读品格和阅读能力为核心，以解码能力、语言知识、阅读理解、文化意识、阅读习惯和阅读体验为内容的英语阅读素养体系。基于这一体系构建基础、构建阅读课程群，强调“以读促拼”、“以读促说”、“以读促演”、“以读促写”，将听说读写、玩演视听作为一个充分结合的语言学习系统，通盘考虑学生六年的英语阅读学习，使英语阅读课程化设计促进课程整体育人功能的实现，让学生“阅读”且“悦读”。

再以戏剧课程群构建为例，作为拓展类课程其目的旨在对核心课程提供有效补充和拓展，为学生在课堂之外搭建一个培养核心素养、展示真我风采、提升人文情怀的舞台。为给这一舞台提供支撑，学校构建了戏剧游戏、模仿表演、创意表演、诵读经典、剧本研读、剧目赏析等课程群，使学生可以尽情地学英语、用英语、展现英语，在此过程中提升艺术素养、开阔视野、增强自信、激发潜能同时培养合作精神。

四、综合取向主题统领

在核心素养视域下，课程设计要指向于核心素养，核心素养要融入学科课程。核心素养的提出，表征着学生培养目标范式的转变。核心素养导向下的课程教学改革，强调以学科为载体的课程转向为学生全面发展的课程，强调课程之间的整合与融合。学科性的综合实践活动课程群构建也成为教师寻求突破的新探索，探索实践呈现出综合化、主体化、场景化、人物化、个性化等特征，以学科育人思想整体设计学习内容和进程的主题实践活动正在突破传统教学的局限。

（一）英语学科主题实践活动

为了准确理解概念的内涵，需要区分以下主题、内容和话题。英语教育专家龚亚夫指出主题（theme）、主题内容（thematic content）、话题（topic）在有的文献中是可以互换的，也有的学者对这些概念进行区分，认为主题的范围比话题广泛，一组话题可以构成一个主题。国内的教材在编写时，主题与话题也往往是可以互换的，话题可以比较大类似主题，主题也可以比较小成为子话题（subtopic）。但是，在课程构建过程中有必要对以上概念作区分，即：主题指理念、心理状态、意念和大的话题（如责任感、学校生活）；主题内容指在主题下可能涉及的内容(如家务劳动、锻炼身体);话题指在主题内容中涉及的多种话题(如做饭、体育活动、游戏)。英语教学也要涉及价值观、品格和思维的培养,就必然要明确主题、话题与主题内容三者的关系和界定。

主题实践活动是以一个主题为线索,按照主题综合的思路,融合相关内容进行开发和设计,使学生在英语教师指导下,能够以英语为媒介,综合运用跨学科的知识与技能,自主、合作完成的综合性学习活动。主题实践活动课程是在主题统领下的综合学习的课程。英语学科主题实践活动在课程目标上更加强调将英语学习、内容知识学习与综合技能提高融为一体;在课程内容设计上打破学科界限,通过主题将英语学科与其他学科内容贯通、整合,强调学生运用不同学科知识与综合技能完成任务或解决真实生活中的问题;在途径和方法上,强调运用多元化的学习方法与手段,让学生参与并经历各项学习活动,如主题探究、实地调查、自主学习、合作学习等,促进英语学习。

(二)主题实践活动设计遵循的原则

第一,主题性。要选取学生感兴趣且与英语学科课程内容相关性强的主题设计课程。主题实践活动的主题居于中心位置,学习目标、方式方法、效果评价均围绕主题展开。围绕主题扩展学习领域,要确保主题所涉及的学习内容具有一定的广度和合理的深度。

第二,真实性。在学习内容上强调真实性,设计的问题可以是客观的信息,也可以是学生真实生活情境中的问题,使学生能够运用语言真实地交流和表达自己真实想法。通过真实的主题,将英语学科知识与不同学科的知识进行整合,在课程中学生运用不同学科知识及综合技能来解决真实生活中的问题,完成真实的任务,在问题解决中获得真实的情感体验。

第三,实践性。强调以学生的直接经验为中心,以活动为主要形式,利用一切可以利用的资源,通过"做中学"的方式,让学生在真实的生活中学习英语、运用英语,提高学生的综合语言运用能力,在英语学习过程中提高人文素养。

第四,综合性。围绕主题组织起来的不仅有学科既定内容,还有和主题相关的拓展内容或不同学科的相关内容、问题、活动。语言学习涵盖生活、文化、思维、情感等内容,主题活动设计要围绕主题综合考虑语言、文化、生活、各学科知识等方面整合学习资源。

第五，开放性。英语学科主题实践活动超越了封闭的学科知识体系和单一的课堂教学的时空限制，教师与学生围绕学习主题的内在逻辑展开交互，这一过程中必定突破传统教学设计在空间上以“教室”为主要学习场所以及在时间上以“课时”为基本教学单位的有限封闭性，在课程开发主体、课程目标和内容、学习活动的方式与过程、评价与结果方面均具有开放性。

（三）英语主题实践活动设计要点

主题实践活动受到管理者、研究者和教师关注，用来探索以学习者为中心的语言能力及人文素养综合发展实践。这类课程的设计与创新实施正在成为一个有力支点，从而提升学科课程品质。了解英语学科主题实践活动的一般特点是设计主题实践活动课程并加以实施的基础，而关键是认识和把握课程设计、设置规律，进行有针对性的设计。

1. 整合资源提炼主题

在英语学科主题实践活动学习中，主题成为学习的核心，而围绕主题的内容成为学习的主要对象。英语主题实践活动的主题设计尤为重要，精心设计主题可为学生的语言学习创设更为真实的应用空间。需要注意的是，英语学科主题实践活动中的主题并不是英语课本中的单元话题或章节标题，而是结合学生的社会生活、现实中的大事件及问题、学生自己的问题、课程内容以及其他学科的内容等所提炼出来的体现学科育人与实践育人价值的核心思想和内容任务。

学习主题可以从多个角度提炼。比如，基于课本单元或章节内容提炼，A Great Holiday，A Wonderful Trip，Amazing Wild Animals，可以以“tour”一词整合单元内容，形成 Animal tour、Famous people tour、Sightseeing tour、Museum tour 等系列基于单元主题的实践活动课程。再比如，基于跨单元、跨章节内容整合生成学习主题，Popular sports，A bite of the world，Imaging plants，Travel around the world 等都是可提炼的主题。当然，跨学段融汇而成的中西方节日课程可以将不同文化联系在一起，如中国本土的春节、中秋节、端午节等，西方异域的圣诞节、复活节、感恩节等，都能让学生在喜闻乐见的节日情境中感受语言文化的民族渊源，在节日场景再现中体验语言背后的文化根基，发展跨文化思维，使英语语言运用在中西文化的主题学习中“鲜活”起来。基于跨学科内容整合生成的主题意义更丰富有趣，如北京小学“Little Tour Guides”校园小导游实践课程，面向低、中、高不同学段开发设计了“我的北小”“我爱北小”“欢迎来北小”系列主题实践活动课程，使学生在认识北小、了解北小、介绍北小一系列亲身参与的实践活动中合作探究、运用英语语言。

2. 围绕主题整体设计

教学是有明确目的的活动，是由教学目标、教学内容、教学方法或手段、教学组织形式以及教师和学生等诸多要素组成的复杂系统。教学功能的有效发挥取决于整个教学系统的协调运行。主题实践活动设计本质上是一种教学设计，要注重主题内容、目标、过程及方法诸要素的统一，使主题在学习过程中的每时每刻得以全面、有效的体现。围绕主题整体设计主要包括对主题内容、学习目标、资源与实践条件、活动过程、学习效果分析五个方面。主题实践活动设计要在充分考虑学科性质和任务的基础上，将尊重兴趣爱好、超越学科中心、鼓励动手实践、注重体验参与、倡导合作探究作为设计与实施为导向，强调以学生的实际生活为核心，围绕真实的主题进行丰富多样的实践和探究性学习。

3. 注重学习过程设计

英语学科主题实践活动的学习过程是多样性、综合性的。它以学生对主题意义探究学习的关键任务和要求的感知为起点，引导学生尽可能使用英语、适当使用母语，按照问题或任务解决的步骤或程序完成课程的各项学习活动，最终达到联系生活、学以致用的目的。因此，在学习的过程设计与实施上，主题实践活动强调学生乐于探究，注重学生在学习过程中的感受和体验，强调学生要通过“调查”、“考察”、“实验”、“探究”、“设计”、“操作”、“制作”等发现和解决问题，积累和丰富经验。例如，中国传统节日为主题的高年级系列课程，可以分为 The Mid-Autumn Festival，Tomb-Sweeping Day，The Dragon Boat Festival，The Double Ninth Festival，The Spring Festival，The Lantern Festival 六个课程群落，每门课程设置为 4～6 课时，每课时 40 分钟，利用每周五的学科实践活动时间实施。每门课程均由英语教师承担，负责带领学生进行实践和探究，主要通过课前调查、网络收集、小组探究、动手制作、汇报表演、竞赛比拼等方式开展。其课程实施可以分为以下几个阶段。课前，以学生自主探究为主。他们先在网络上查找资料，向父母等长辈询问或调查节日的有关信息，并借助网络了解相关英文表达方式；课上，教师检查学生课外实践的情况，解决学生课前遇到的问题，带领学生用英语交流，拓展延伸语言，帮助学生达成语言实践的目标，并给出下一阶段学习的任务和方向。最后，可以采用学生汇报的方式，让学生系统展示对相关节日的理解，感悟传统文化的魅力，同时体验实践课程的乐趣。

学科主题实践活动是由师生双方在活动开展过程中逐步建构生成的课程，必须注重活动过程中学生的自主建构和动态生成，这就要求必须要处理好课程的预设与生成之间的关系，使学生的认识和体验不断深化。在学习过程设计时，教师要寻找可利用的资源，设计高质量的问题，整合支持学习构成的工具，在资源与工具的支持下，使学习者学习主体的角色得到体现，实现学习方式的多元化。

第二节　课程实施中的关键问题

课程实施是指把课程计划付诸实践的过程，它是达到预期课程目标的基本途径。一般来说，课程设计得好，实施起来就越容易，效果也就越好。但是，课程设计得好，如果在实践中得不到有效实施，那课程设计也就失去其应有的意义了。因此，课程要对学生产生影响，必须通过课程实施的行动和实践，否则学生无法经历课程。同时，课程的实施又受学校管理、教学理念、教师专业能力等多方面因素的影响，产生的问题也是多种多样、极具复杂性的。以下结合小学英语学科课程情况，梳理从对课程实施认识、影响课程实施因素、实施过程关键环节，以及关注教师专业成长四个方面的关键问题。

一、课程实施及其影响因素

（一）对课程实施的理解

在教育研究领域，基于不同视角，对课程实施的定义有所不同。其中有两种观点比较有代表性。一种观点认为课程实施就是教学，认为课程根本上生成于“实践状态”，是无法分解的、整体的教育活动，课程实施内在包含着教学，教学是课程实施的主要途径，只有教师将课程目标作为教学的向导，选择合适的教学方法和有效的教学活动，引导学生体验教学过程，通过教师、学生以及课程内容相互作用，课程实施才得以实现(黄政杰，1995；黄甫全，2000)。这一观点的代表人物为持“大课程论”的教学研究人员。另一种观点认为课程实施是将一项特定的课程计划付诸实践的动态过程，它能够指导实践者根据他们的实际情况对原定计划进行调试，包括对课程重点和课程内容的修改，对教学方式的改进，对课程计划的重新安排等内容(Fullan，1991；施良方，1996；汪霞，2003)。

虽然课程实施与教学在某些方面具有一致性，但两者之间仍有无法包容与涵盖的范畴。简单地把课程实施等同于教学，将会窄化课程实施的研究范围，导致无法关注更多实际问题，也无法全面了解实施的过程。因此，课程实施与教学要做到具体问题具体分析。课程实施是课程计划付诸实践的动态过程，学科课程在实施中不仅要关注课堂教学，还应该关注到课程实施、建设的各个环节和方面。

(二)影响课程实施的因素

研究课程实施的一个重要方面是分析影响课程实施的因素。对不同的课程、不同的课程实施环境而言，影响课程实施的因素可能是不同的。除了国家政策、要求层面的影响之外，从现有的研究看影响课程实施的因素一般有三个层面。

1. 学校层面对课程实施的影响。课程理念是否能从根本上走进学校、真正在课堂落实很大程度上取决于学校管理层和教师对课程改革的理解和认同，以及对课程实施的积极推进。目前，课程改革的深入推进需要学校管理层提升课程领导力，作为课程的领导者需要在学校范围内构建团队文化、统领课程改革。但是，一些学校对小学英语课程教学特点认识不足，对英语学科重视不够，在课时安排、教学质量监控、学生学业评价、课外活动、课程资源开发、教师校本教研、学科课程建设等教学管理的诸方面存在问题。另一方面也反映出自上而下的行政手段仍然是多数学校的运行管理机制，统一化、层次化、秩序化的课程管理仍然是多数学校的管理理念。在这种理念下，校长、教学干部是这一系统的管理者，课程管理的权力掌握在学校领导、英语教研组长等人手中，教师只是忠实的执行者和实施者，教师具有的影响多停留在课堂教学层面。因此，无论是课程的管理者还是实施者在课程实施过程中都表现为课程意识淡薄、意愿不足、处于被动的角色。然而，基于国内英语学习语言环境缺乏的特殊性，英语学习相关资源不足，一些必要的设备、场地、报刊图书资料、影像资料、实物及图片教具等，只有学校层面才能保障这些资源的供给。此外，英语教师在实施课程过程中相关班主任、相关学科教师、学生和家长的配合也是保障课程质量的重要方面，也只有学校层面的整体协调、沟通合作、制度保障才能确保落实到位。因此，学校层面应该重视英语课程实施的配套措施，采取具体的课程实施落实行动。

2. 课堂层面对课程实施的影响。课堂层面对英语课程实施的影响主要表现在两个方面。一是学生已有认知水平、家庭背景因素产生的影响。学生在学习动机、学习态度、学习兴趣、意志和性格，以及课外学习等方面存在很大差异，特别是以班级为单位的学生学业水平差异大是很多教师面临的现实问题。如何努力创造性地实践《课程标准》倡导的“面向全体学生，关注语言学习者的不同特点和个体差异”的理念，关注不同群体学生，为学生进一步的英语学习打好基础，是广大教师还需进一步研究并努力实践的问题。二是教师的课堂驾驭能力。落实在课堂层面的课程实施过程复杂，不仅涉及课前的精心规划，也涉及学校教育及课堂教学的独特情境，特别是教师与学生之间交互作用的动态过程。英语课程倡导互动交流的理念，倡导教师构建“共同参与、互助合作”的师生关系，在师生互动中理解语言、激发思维、发展语用能力，这给教师驾驭课堂带来了挑战。

3. 教师层面对课程实施的影响。通常来说，教师教学理念的转变是新计划实施过程中最为困难的因素，教学理念一旦转变，将会产生更为深远和有意义的影响。教师在课程实施的过程中扮演着非常关键的角色。教师就像一出戏剧的导演与指挥者，甚至是实际参与演出的演员，虽然也有如同剧本的“事前经过精心规划的课程”，教师仍然有诠释课程的自由空间。另外，英语学科教师普遍比较年轻、数量也少，多数都在教学一线，从课程视角整体推进课程与教学一体化改革的能力不足，而且专业发展理念、主动发展的意愿也不很强烈，在理论知识与务实技巧上都需要不断提高。因此，教师的专业发展是迈向高质量课程实施过程中极其必要和重要的因素。

二、课程实施关键环节在课堂

课堂是课程实施的主要场所，教师是课程的主要实施者，学生是课程实施的对象。研究课程实施一定要深入到课堂了解教师和学生是如何进行教与学的活动的。基于学生核心素养培育与发展的课程形态是多元的，课堂教学同样是多样的，只有不断优化教学的内容与方式，才能全面实现真正意义上的学科内涵发展，也才能将学生的实际获得与发展落实落细。

（一）六要素整合的英语学习活动观

《普通高中英语课程标准(2017 年版)》提出了六要素整合的英语学习活动观，明确了活动是英语学习的基本形式，是学习者学习和尝试运用语言理解和表达意义，建构文化意识，发展思维品质，形成学习能力的主要途径。英语学习活动观是指学生在主题意义的引领下，以语篇为依托，通过学习理解、应用实践、迁移创新等一系列体现综合性、关联性和实践性等特点的英语学习活动，使学生基于已有的知识，依托不同类型的语篇，在分析问题和解决问题的过程中，促进自身的语言知识学习、语言技能发展、文化内涵理解、多元思维发展、价值取向判断和学习策略运用。

课堂是由一个个学习活动构成的，高质量的课堂离不开学习活动。所以，英语学习活动观的提出为实现英语课程在课堂上的有效实施提供了方向与途径。但需要明确的是，英语学习活动观所提及的活动略有别于《课程标准》中提出的活动：《课程标准》中的活动是围绕听、说、读、写技能来设计和开展的英语语言实践活动，而英语学习活动观不仅把“活动”这一概念结构化、系统化，同时指出活动要围绕探究主题意义有层次、连贯性地设计和展开，强调了对语篇意义的深度理解和语用功能的恰当表达，更加注重创设真实或接近真实情境的必要性。

(二)英语学习活动观指向下的教学设计

英语学习活动观要求教师以学科育人为本，在不同类型的教学设计与实施中要以英语学习活动观为理念指导，把“活动”作为课程目标和教学实施之间的契合点和载体。教师应从英语学习活动观的视角重新审视课堂教学设计的合理性和有效性，组织教学内容，优化教学方式，为学生设计有情境、有层次、有实效的英语学习活动。在各类型教学设计与实施中要关注活动之间的整合和关联，在教学内容构建、教学过程设计、学习活动方式等方面体现小学英语课堂教学优化的基本价值取向。

首先，教学设计要丰富学习内容，体现育人价值。小学英语教学内容基本以话题为引领，以功能和结构为主线呈现，话题与学生日常生活及个人紧密联系。例如，起始阶段的外语学习往往都涵盖打招呼、自我介绍、认识朋友、给朋友介绍家人、学习和认识日常用具等主题。但教师在教学过程中，不知不觉地形成了先考虑教授何种语言结构与功能的思路，却忽略了用话题本身设置学习活动，引导学生在熟悉的语境下语言学习。这种以单一知识和技能为本位的观念与做法如同“两只无形的手”牢牢地牵制住了教师。而核心素养指向下的教学强调如何通过英语学习培养学生的核心素养，实现人的全面发展。正如龚亚夫指出的，教学要实现“社会文化目标、思维认知目标、语言运用目标的融合”，只有把英语课程的语言内容与学生的学习和社会生活经历结合起来，才能极大地提高他们的学习兴趣和学习活动的参与程度。“如果教科书只教不能做什么，全是 Don’t spit. Don’t be rude. 还是难以使学生养成必要的良好行为习惯。”因此，小学英语教学内容的选择与确定要结合小学阶段的学生生活、认知特点，适当丰富话题内容，充分考虑学生在什么主题语境下的学习更有意义、更有价值。

社会文化目标(social-culture goals)包括行为规范与伦理美德、社会知识与学科融合，多元文化与全球视野三大方面。行为规范与伦理美德主要指学生的良好行为习惯、品德与美德等；社会知识与学科融合侧重通过英语学习扩大学生的知识面，即有助于广泛了解生活、科技、文化等各方面利于学生健康成长的知识，还可以通过英语学习其他学科的知识；多元文化与全球视野凸显的是吸收民族与世界的优秀文化，理解其他国家的文化、历史等，培养学生逐渐具有世界意识。以社会文化目标的视角构建学习，可以使学生学习内容的内涵更加丰富，学生的英语学习和内心世界建立紧密的关联。这既能使学生学到语言，讲话言之有物，又能使学生学会做人。同时，也把学生的英语学习和更广泛的社会发展、改变现实等问题相结合，有利于学生核心素养的养成。

其次，教学设计要强调有意义地使用语言。学生是学习的主体，只有让学生主动参与到课堂活动中，通过交流、询问、解释、描述等活动才能获取信息和知识，从而完成意义的建构。学者韩宝成指出“外语是通过大量、充分的语句使用体验学会的。在这个语言学用体验过程中，外语语言知识可以从学习者身上自然的生长出来”。课堂教学要提供“自然与真实”的英语语言环境，使语言的形式、意义与学生的生活实际相联系，这样才能激发学生积极参与语言实践活动，吸引学生更积极、更主动地投入语言交际活动中，促进学生语言技能和语言交际能力的发展。

基于英语学科核心素养的学习活动重视结合社会关系和社会情境，实施有目的、有意义的语言行为，强调在完成活动和任务的过程中使用英语。因此，教学活动设计要学生用语言做事情的机会，提倡在尽量真实的语境中，通过体现任务驱动的活动设计，调动学习者的内在动机，使学生在课堂学习中能在教师创设的任务情境里，在完成任务的过程中将语言形式的学习与语言意义的理解和应用结合起来。用任务驱动的活动组织教学可以充分发挥学习者自身的认知能力，调动他们已有的目的语资源，在实践中感知、认知、应用目的语。在教学活动设计上，教师应该围绕特定的目的和交际需要，设计具体的、可操作性强的任务，这样学生通过交流、询问、解释、描述等语言活动完成任务，从而达到学习和掌握语言的目的。

设计解决问题型活动可以在用语言分析问题和解决问题的过程中促进学生语言能力的发展，同时培养学生的问题解决能力。此类活动设计强调教师创设出特定的问题情境，激发学生对问题情境的动机，并利用一切可以利用的手段，找到解决问题的合理方法或答案；学生根据已有的知识和推断能力用英语解决问题。日常生活中，我们会遇到各种各样的问题需要解决，教师可以围绕话题设计问题情境，如天气：根据不同的天气情况，解决穿什么服装的问题；根据出行方式决定带什么雨具的问题等。再如节日，此话题适用于不同年级，教师既可以让学生用简单的语言和海报展现自己对节日的认识及创意，培养表达见解的能力，也可以把这个话题与“聚会”话题结合，从邀请的客人、举办的地点、准备的食物等方面，让学生思考、探究，培养解决问题的能力。

第三，教学设计要注重多层次思维能力的培养。培养学生的思维品质是英语学科教学的一项重要任务。核心素养导向下的学科教学把培养和促进学习者思维能力的发展作为教学改革的重要发展方向之一。语言是思维的载体，所以语言学习实际上是一门思维的科学，学生对所学内容意义获取的过程、操作的过程、加深理解的过程都离不开思维，同时，思维的发展也离不开语言，两者之间有着密切的联系，在学生学习的过程中互相影响，彼此推动。

语言思维能力的培养是一个渐进和漫长的过程，必须从英语学习的起始阶段开始关注，并在日常的教学实践中渗透培养，为学生今后的英语学习及自身发展奠定基础。小学是学生英语学习的启蒙阶段，但当前在小学英语教学中，在认知层面教师对学生思维能力的培养仍有一些误区，在实践层面也存在一定的问题。在课堂教学中，一些教师对于教学内容、方法和活动设计等方面的关注点仍然停留在低阶思维技能的培养上，围绕知识点展开训练，教学活动设计中针对低层次思维能力培养的内容所占比重较大，多以学生观察和模仿教师课堂行为加以练习巩固，如回忆和识别信息等，教学目标及过程很少涉及高阶思维能力的培养。

英语学习活动观的路径包括三个层次，即学习理解类活动、应用实践类活动，迁移创新类活动。学习理解类活动主要包括感知与注意、获取与梳理、概括与整合等基于语篇的学习活动。即围绕主题创设情境，激活学生已知，铺垫必要的语言和文化背景知识，引导出要解决的问题。应用实践类活动主要包括描述与阐释、分析与判断、内化与运用等深入语篇的学习活动，是指在学习理解类活动的基础上，教师引导学生围绕主题和所形成的新的知识结构开展描述、阐释、推理、判断等交流活动，逐步实现对语言知识和文化知识的内化，巩固新的知识结构，促进语言运用的自动化，帮助学生将知识转化为能力。第三个层次是迁移创新类活动，主要包括推理与论证、批判与评价、想象与创造等超越语篇的学习活动。即教师引导学生针对语篇背后的价值取向或作者态度进行分析与论证，赏析语篇的文体特征与修辞手法，探讨其与主题意义的关联，批判、评价作者的观点等，加深对主题意义的理解。

在小学英语学科教学中培养和发展学生的思维品质，要通过不同层次的英语学习活动和实践途径具体落实，既要培养好低阶思维能力，又要加强对高阶思维能力的关注，为学生的语言学习和自身的全面发展奠定基础。对高阶思维能力的培养，强调为主题意义的探究而组织相关活动，强调教学需要融合语言、思维并落实于语言实践活动中。教师需要根据不同学段学生的特点和差异，积极探究如何将高阶思维培养体现在英语教学中。因此，教学中要做到，一是注重设计解决问题型活动，引导学生根据已有的知识和推断能力用英语解决问题；二是关注教学中的问题设计，可以根据学习目标的层次设计并提出问题，最大程度地鼓励学生参与讨论；三是基于不同课型进行渗透，在对话、阅读等课型中，通过不同的教学活动，培养学生比较、分析、推断、归纳、建构、辨识、评价、创新等思维方式，以增强学生思维的逻辑性、批判性和创造性。

三、课程实施与教师专业成长

教师是小学英语课程实施推进的关键，在课程实践过程中，教师的相关因素对课程体系能否有效实施发挥着极大的影响。正如《教育——财富蕴藏其中》一书中所写的那样，“没有教师的协助与参与，任何改革都不能成功。”随着教育进入核心素养时代，必然要求学校重构教师教育理念与课程教学系统，让教师从思想上洗牌，从行为上改进，突破固有思维模式，开展基于学生发展的学科课程改革，以适应培养学生发展核心素养课程目标的变化。

首先，教师需提高自我发展意识，促进自身专业可持续发展。学校课程实施的过程是教师根据自身实际进行调试的过程，即教师是实施的主体。教师要成为真正的主体一定要有自觉能动性，要努力做到主动学习和积极发展，在实践与反思中加深对课程价值、课程性质和课程理念的认识，在教研与培训中掌握并不断更新学科专业知识，提高语言运用能力，在教学研究中不断积累学科教学知识，提高教学实践能力，成为具有自主专业发展意识、课程视野开阔、英语语言专业能力过硬、学科教学知识丰富、具有反思意识和创新精神的英语教师。

其次，教师要提高课程意识，在实践中提高课程实施能力。教师的课程意识是教师的“课程哲学”，体现为教师在课程实施过程中所反映出来的课程观和方法论，是教师对课程系统的基本认识，也是教师教育理念和教育行为的先导。教师在课程实施中扮演什么角色，表现出什么样的行为方式，很大程度上取决于教师对课程有什么样的认识。作为英语教师要主动改变课程执行者这一单一角色，由一元走向多元，树立课程意识，发展课程领导力，改变“只抓好课堂教学工作”的观念。教师要主动参与和承担学校课程开发与实施的相关工作，对自己所承担的课程在学校整个英语课程体系中的意义和状态要有清晰的认识，努力结合自身的理解，具体结合学生的实际，对所教内容不断调试、对学生的学习方式进行有针对性的设计。教师还要不断地探索适合学科、适合学生、适合核心素养发展和培养的课程实施方式，在教学环节、教学方法、教学互动、教学环境等方面形成合力，自觉构建有利于学生核心素养养成的支持性条件，以促进学生更好地学习英语。

最后，教师要提高合作研修意识，在团队中发展自我。开发和实施好英语学科各类型课程对教师来说是一项具有挑战性的工作，以团队方式规划和实施好课程是非常可行的方法。可以将同一学年或同一学习领域的教师组成一个教学群，成为一个课程团队，共同进行课程规划和总结分享课程实施中的经验，同时，建立良好的教师文化，促进课程更加有效地实施。

第三节　案例评析

案例一："幸福 e 路"一路播撒幸福

案例简介

北京东城区景泰小学以"人人面向课程，课程面向人人"为理念整体构建"幸福课程"。英语学科遵循人人发展，人人提高的理念，从学生的学习兴趣、生活经验和认知水平出发设计和实施"幸福 e 路"英语课程，课程包括核心课程、拓展课程和活动课程三大类型。从 2005 年提出的"快乐英语人人唱"，到 2015 年创新实践的"英语学科＋"，英语学科课程已经成为学校特色课程实践和探索过程中的重要组成。

案例分享

一、课程建构背景

北京市东城区景泰小学是一所公立全日制学校，现有 35 个教学班，1200 余名学生。2005 年学校提出了"幸福教育"的办学特色：把教育构建成愉悦的、积极的、高效的、和谐的心灵与实践活动，让参与教育的所有生命都懂得幸福、追求幸福、创造幸福、共享幸福，从而建构幸福的人生，让幸福充盈在教育生活的每一天，让师生共同拥有幸福。幸福的教育不仅可以帮助学生养成阳光的生活态度、修炼善良纯洁的心灵、自由地放飞思想，而且能够营造出幸福的教育环境，使教育充盈着幸福的元素，进而使师生有幸福可捉、有幸福可感、有幸福可创、有幸福可享，让学校成为师生幸福成长的乐园。

十几年来，学校紧紧围绕这一特色开展了一系列的实践研究，构建了幸福课程，从人文素养、科学素养、艺术素养、身心健康、实践创新五个层面勾勒出了整体框架，并将课程的特色定位为“人人面向课程，课程面向人人”。在幸福课程的研发、探究中，学校英语学科特色横向、纵向逐步发展，“幸福e路”英语特色课程体系逐渐清晰。

随着课程改革的推进，我们的教育已经从知识核心时代走向了核心素养时代。关注学生应具备的关键能力与必备品格，被广泛认为是学生成功融入和参与未来社会发展的必要条件。学校“幸福e路”课程体系的顶层设计遵循英语课程目标从培养学生的综合语言运用能力转向英语学科核心素养的需求，强调在发展学生语言能力的同时，发展学生的思维品质、文化品格、学习能力和正确的人生观、价值观。基于学生学习兴趣和认知需求，开设丰富多彩的课程，驱动学生融入学习过程，以多维度的课程群促进语言与思维的发展，实现对主题意义的探究是培养学生学科核心素养，发展关键能力和必备品格的有效途径。

景泰小学从2015年9月开始开发实施“学科＋科实践活动”课程，让学生的学习方式多样起来。它将国家、地方、校本三级课程融合，由单学科和多学科整合实践活动构成，形成了交叉、三维的课程结构，为学生养成健全的文化品格、社会性格和良好的个性打下坚实的基础。在实施“学科＋科实践活动”的过程中，英语学科依据生活是课程的来源、生活是理解课程的基础、生活是课程的目的的理念，重视课程内容面向生活开放，形式生活化，激活儿童的天性，培养儿童的兴趣、爱好、特长、理想，全面提升学生的综合素养，力求通过英语学科的课程建设，让幸福根植于学生的内心，丰富孩子的童年。

基于英语学科的学科特点，“幸福课程”体系的整体设计本着夯实国家课程，创新校本课程，丰富学生体验，扩大学生认知，促进个性发展的原则，学校构建了面向全体学生的“幸福e路”英语课程群体系。在课程实施中，通过内容重组，结构调整，国家级课程与地方课程校本化、师本化、生本化改造，实现各种课程相互补充、相互依存，使它们紧密结合、资源共享、合理配置，力求体现英语学科的特色，丰富学校幸福课程的内容，呈现立体的、多方位的课程内容，满足学生学习需求，推动学生在英语学习之路上幸福成长。

二、“幸福 e 路”课程体系解读

(一)课程目标

“给每一个孩子提供平等发展的机会和舞台”是学校教育的核心理念。学校在各项活动中都遵循“让学生从自己的起跑线上跑出最快速度”的教育质量观，强调给每一个孩子发展的机会，让每一个孩子在发展提高的过程中体验成长的幸福，学习的快乐。实现人人发展，人人提高，是“幸福 e 路”英语课程群体系建设的总体目标，学生作为教育的主体，是课程设计的焦点。

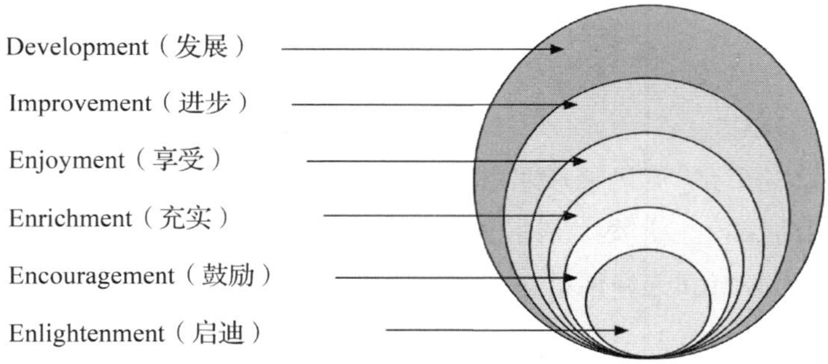

图 2-1　“幸福 e 路”英语课程群体系

通过“幸福 e 路”英语课程群体系，我们聚焦学生的成长与发展过程，通过启迪学生心智，激励学生成长，让学生享受学习英语的快乐，在学习过程中不断完善，不断提高，最终实现每个孩子更高、更持久地发展。

(二)内涵解读

“幸福 e 路”是学校“幸福课程”体系中的重要组成部分，“e 路”，是“幸福一路”的谐音，又代表我们努力为孩子们营造英语学习的幸福、快乐之路。孩子们通过幸福的英语学习之路，迈向成功，走向世界，走向未来。

“幸福 e 路”英语课程的标志依据 English 的首字母“e”的形态设计，构成了一幅宇宙星空的画面，也代表了信息时代 e 世界的冲击，拓宽了学生的视野。我们力求通过英语课程的实施，“打造以人为本的空间”，使学生在课程学习中改变自己，从而改变世界。世界就是由一个个“我”的个体组成的，“我”改变了，世界自然而然也就改变了。标志中蝴蝶的形状喻意为学生经过英语学习蜕变成美丽的蝴蝶，在课程学习中享受自由飞舞的乐趣，不仅在天空飞舞，未来更将在宇宙星空中享受展翅的乐趣。

图 2-2 “幸福 e 路”英语课程内涵示意图

（三）课程框架

根据“幸福 e 路”英语课程群体系的整体设计，学校开设了核心课程、拓展课程和活动课程三大类。核心课程根据教学时长的不同分为大课和小课，拓展课程分为必修和选修两类。

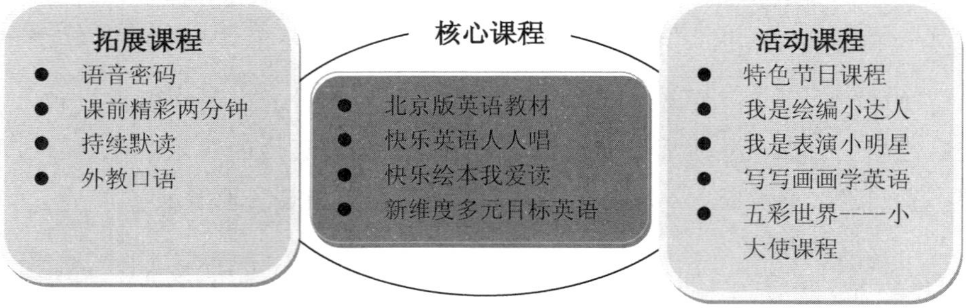

图 2-3 “幸福 e 路”英语学科课程体系

核心课程是以国家课程为基础，围绕小学生英语核心素养的培养目标，进行课程设置。我们在京版《小学英语》教材的基础上，以“快乐英语人人唱”“快乐绘本我爱读”“新维度多元目标英语”三项课程为辅助，从培养学生兴趣，提高学生阅读素养，发展学生思维品质和文化品格三个维度，丰富并深化对北京版教材的学习。三项课程你中有我，我中有你，三位一体形成我们核心课程的建设。

核心课程的设置学校采取了长、短课时协调并举的设置方式。有 40 分钟的常规国家课程，有 60 分钟的阅读课程，有 30 分钟的“新思维多元目标”课程，还有 20 分钟的“快乐英语人人唱”课程，改变了单一的教学时长，在提高教学时效性的基础上，使英语课程配置达到最大化和最优化。

拓展课程是对核心课程的必要补充，在夯实核心课程的基础上，从单项技能入手，进一步提升学生的英语技能、语言能力，通过课程帮助学生形成良好的学习习惯，使学生具备自主学习的能力。拓展课程相对独立，又相互促进，采取必修和选修相结合的开设方式，丰富学生的学习资源，尊重学生的自我选择。

表 2-1　拓展课程安排表

课程名称	授课年级	课时安排	授课方式
语音密码	1、2 年级	18 课时/学期	必修
课前精彩两分钟	1～4 年级	2 分钟/节	必修
持续默读	5、6 年级	5 分钟/节	必修
外教口语	2～6 年级	0.5 节/周	选修

活动课程注重课程的多样性和实践性，将国家、地方、校本三级课程融合贯通，由单学科和多学科整合实践活动构成，形成了交叉的、三维的课程结构，为学生生成并养成未来必备品格和关键能力打好坚实的基础。“特色节日课程”“写写画画学英语”“我是汇编小达人”“我是表演小明星”“五彩世界——小大使课程”等活动课程的开展使核心课程得到了深化，同时也是对学科实践活动的落实和延展。活动课程采用由学生结合自己的兴趣及特长进行自主选择的方式开设。

三、课程内容与实施

英语教学要将知识学习与技能发展融入主题、语境、语篇和语用之中，形成语言、文化、思维和策略发展一体化，促进语言能力、文化品格、思维品质和学习能力同步发展。从学习方式上看，教学要从知识传授转向以学生主动参与具有实践性、综合性特征的一系列相互关联的活动为主，引导学生围绕主题意义，依托语篇，在参与活动的过程中，以个体、合作等多种方式，学习语言并运用语言去分析问题和解决问题，在发展语言理解和表达能力的同时，发展思辩能力，形成新的价值观，实现深度学习，从而构建一个全新的整合、关联、发展的英语课程，为培养学生的学科核心素养提供条件。

“幸福 e 路”英语课程群体系鼓励学生整合在各个学科学到的“核心知识”，转变为辅助自我学习的“核心能力”，不断提升自我核心素养，从而以课程与学科专题活动相结合为特色，为学生提供一个开放的时空天地，突出学生能力的培养和素质整体的发展，促进学生综合运用知识和各方面素质协调发展的课程体系。

（一）核心课程夯实英语学科基础

1. 国家课程——北京版英语教材

学生国家课程学习内容为北京出版社出版的《小学英语》教材，一至六年级每周三课时。国家级课程是基础课程，话题全面，语言丰富，是学生系统学习英语的必要支撑。我们在进行国家级课程的教授过程中重点关注授课和评价两个环节。课堂教学强调教师在精准备课，二次开发的基础上，关注课堂实际获得的把握，不断提高教学的实效性。在评价环节，为监控学生英语学习质量，我们严格执行区、校、年级、班级四级质量监控。同时，研发了单元重点句型单词闯关机制，闯关成功者会得到印有英语教师照片的闯关贴。全部单元过关者，学校会授予“常胜将军”的称号，并在全体会上进行表彰奖励。正是因为在课程实施中夯实了基础训练，景泰小学英语成绩在本地区一直名列前茅。

2.“快乐英语人人唱”让学生在唱歌中学英语

为了激发学生学习英语的兴趣，景泰小学率先开设了“快乐英语人人唱”校本课程。我们把英文歌曲按年级、学期集结成册，每周二、周四中午开设 20 分钟小课，组织学生学唱儿童英文歌曲及流行英文歌曲。学习英文歌曲，能够丰富学生的词汇，学会地道的口语表达，感受中西方文化的差异，体会歌曲的韵律美……歌曲中蕴含着原汁原味的语言，富含连读、失音、弱化、浊化、同化、缩读等语言现象，孩子们在演唱的过程中，模仿英语日常用语的表达模式，这对培养学生的语感和听力都很有帮助。参加了课程学习的学生在小学毕业时能演唱近百首英文歌曲，这使孩子们在演唱时特别自信。强烈的自信心又激发了孩子们对英文歌曲乃至英语学习的更大兴趣，为课程英语教学的开展打下了坚实的基础。

3.“绘本故事我爱读”让学生爱上了阅读

《课程标准》中对学生的阅读素养提出了循序渐进的要求，而课本所提供的阅读量有限，要想充分培养阅读素养需要为学生补充丰富的读物，使学生能够在教师的指导下，逐步发展各种阅读策略，养成良好的阅读习惯。学校特别注重对学生阅读能力的培养，将英语绘本阅读课纳入核心课程，在一至六年级开展了阅读教学，每周每班一节阅读课，隔周两节连排时长60分钟。这样设计很好地保证了学生在一个相对集中的时段，完整地学习一个故事，从图片环游，到阅读，到深入理解，最后还能够进行有效的表演、产出。高年级学生采用拼图式阅读的方式学习，时间也比较充裕。为了更好的保证教学效果，教学课时专时专用，我们采取了与国家课程分开授课的方式协调、安排教师，全校10位英语教师都参与了绘本阅读的教学，课程实施惠及全体学生。

在阅读课上，为了更好地激发孩子们的阅读兴趣，给孩子们更宽松的学习氛围，教师还会不定期组织自主阅读。我们把不同的故事读物带进教室，孩子们选择自己感兴趣的故事，自主阅读。阅读之后孩子们可以由交换，自由分享故事，他们对这样的阅读方式很感兴趣。

轻松愉悦的学习氛围，精美有趣的阅读素材使学生的语言得到不断地发展。通过绘本的阅读、分享、讨论、交流，学生在语言得到不断内化的同时，知识面不断地拓展，思维品质也得到了提升。

4.“新维度多元目标英语”让学生知理善思

培养学生的思维品质和文化品格是英语学习的核心目标之一，体现了英语课程从关注语言到关注素养的转变。英语教师在教学中应该更加关注学生的心智能力、思维能力、行为规范与伦理美德的培养，不仅要帮助学生学习语言，更要在语言学习过程中，教会孩子行为规范，帮助学生养成良好的卫生习惯和生活习惯。

景泰小学将《新维度英语》教材纳入核心课程，与京版教材进行有机整合，从内容上筛选适合各年级学生特点的内容，作为对主教材必要的补充。在实施过程中，英语学科教师首先对《新维度英语》进行了细致的梳理，针对教学内容的不同，采用三种教学模式：在新授或巩固课时加入，或者在单元话题复习时作为补充材料或阅读材料加入；利用学科实践活动课程进行；纳入学校“人人学礼仪”校本课程开展专项活动。

（二）拓展课程提升英语语言技能

1.“语音密码”夯实学生的语音基础

低年级是学生学习英语语音的黄金时期。课程主教材在一年级上册安排了英语字母在单词中的常见读音，教师依托教材重新整合，开展语音密码的探索，帮助学生建立音素意识，形成初步的音与形之间的联系。一年级下册，教材编排了字母读音和书写的内容。我们按字母表的顺序进行深度字母教学，研发了校本课程，将京版教材一年级上下册、二年级上册中出现的词汇作为素材，通过多种教学方式重点关注字母在单词中的常见读音。从一年级开始开设的探索“语音密码”课程，每学期 18 课时，聚焦学生的语音解码能力，培养学生自然拼读能力。通过一个学年的学习，学生能够掌握 26 个字母读音，知道字母在单词中的常见读音，也能够准确地书写字母，并能比较熟练地认读教材中的词汇，为持续学习打下坚实的基础。

2. 课前精彩两分钟，搭建语言、技能与情感同步发展的舞台

《课程标准》指出，英语课堂的口语交际活动必须在真实的语境中展开，才能保证英语口语交际活动的有效性，真正提高学生的英语口语交际能力。为此，我们在创设语境上狠下功夫，为学生搭建平台，变枯燥学习为生动，变乏味学习为有趣，真正实现了语言、技能与学生的情感同步发展。

几年来，景泰小学在课程实施过程中坚持开展“精彩两分钟”课中实践活动。把每节英语课前两分钟左右的时间作为全班所有孩子自我展示和锻炼表达的机会，采用按学号轮流进行的方式。从自主能力培养方面考虑，在形式和内容上鼓励学生自主选择，并经过教师辅导后进行展示。从尊重个体差异的角度考虑，我们结合教材内容，给孩子提供相关话题，帮助学生根据自身水平进行多项选择，给不同层次的学生提供一个语言实践和交流的平台。一个学期，每个学生会有两到三次机会进行展示。随着课程的开展，孩子们的表现形式越来越丰富，有的学生给大家说韵文，有的学生进行个人演讲，有的学生和好朋友一起演课本剧，真是丰富多彩。

经过几年的实践证明，“精彩两分钟”为学生们体验、展示、交流、分享、倾听搭建了一个很好的平台，提高了学生英语口语表达能力，加强了学生英语知识的运用能力，提高了学生英语学习的兴趣，整体提升了英语课堂的教

学效果。

3. 持续默读培养学生阅读习惯

在五、六年级我们开展了持续默读课程，给学生提供自主阅读的时间和空间。在课程中，教师指导学生选择、准备自己喜欢的英语读物，每周有三个中午进行15分钟的持续默读。一到阅读时间，孩子们就会迅速拿出自己的读物，静静地阅读。孩子们根据自己的喜好和学习能力选择阅读材料，因此，阅读很有实效性。当他们读完自己的读物，可以同伴之间交流，这也给孩子们后续分享交流提供了平台。在持续默读中，学生扩大了阅读面，丰富了知识，体会了阅读的乐趣，逐渐养成良好的阅读习惯。

4. 外教口语课创设氛围和交流平台

学校先后聘请来自爱尔兰、美国和英国的外教，为学生开设口语课。在低中年级开设绘本阅读教学，高年级开设主题话题交流，提高学生的口语交流表达能力。外教口语课程使学生进一步感受到了英语的魅力，体验到了用英语交流的别样乐趣，也为英语课堂教学增添了一抹亮色。

(三)活动课程注重英语实践能力

英语学科从学生的学习兴趣、生活经验和认知水平出发，运用体验、实践、合作与交流的学习方式，开设多元化、多姿多彩的英语特色活动课程，给学生创设了浓郁的英语学习氛围，搭建了展示英语才能的舞台，同时使学生了解美式英语与英式英语的差异以及东西方文化的差异。

“Enjoy English，Enjoy Life”特色节日选修活动课程使学生对多元文化有了更深入的理解，更懂得尊重与包容了。在不同年级，以不同方式开展综合实践活动课程，让学生深入了解中西方节日。比如，在低年级依据视听输入、适度参与的原则开展“万圣节”综合实践活动。在五年级开设“元宵节”综合实践活动，让孩子在课堂上亲手制作汤圆，共同分享制作的汤圆，孩子们可开心了。在三到六年级，开设了为期一个月的“感恩节”综合实践活动。学生有一个月的时间学习、准备，在感恩节这一天学校以年级会的形式专门组织学生围绕这一节日的学习做汇报、展示、交流，深度体验节日的有关内容。特色节日专题系列活动课程的开设，拓展了学生思维，帮助学生比较和鉴赏不同文化价值，提供了积极的人生态度和价值观的启示。课程注重学生全面发展的价值和意义，传播和弘扬了中国优秀文化，达到了意想不到的教育效果。

“我是绘编小达人”“写写画画学英语”主题活动课程，鼓励学生结合课内的学习进行绘本创作，根据所选话题开展知识梳理的海报设计等活动，为学生搭建自主学习平台，融合多学科内容于一张手绘报，体现了学科整合的特色。该选修活动课程全面提升学生的英语书写、阅读、美术设计、审美情趣等综合能力，发展了学生的归纳能力、分类能力、逻辑思维能力，有力地推动了全校学生学习英语的积极性和主动性。

“我是表演小明星”主题活动课程，鼓励学生表演课文或对话，学生可以根据自己的能力选择按原文表演、改编、创编新的剧情等不同层次的表演，力求使每名学生都乐于参与、敢于展示。在排练的过程中，学生逐步掌握正确、地道的口语表达，训练标准的语音语调，表演兴趣浓厚。同时，学校还成立了英文话剧社，有很多学生踊跃参加。孩子们在实践活动中收获了知识，锻炼了能力，提高了自信！

“五彩世界——小大使”课程是学校国际理解课程的一个组成部分。其中，“五彩世界”国际理解课程分别开设了新加坡神奇的DNA课程、俄罗斯历史与文化课程、加拿大ESL体验课程、英国爱丁堡艺术课程。“小大使”课程则带领学生走进俄罗斯大使馆，与俄罗斯小朋友共叙友情，传递两国文化。课程中，孩子们还有机会带领外宾参观北京的名胜古迹，参观景泰蓝工艺，把中国的文化讲述给国际友人。

四、课程评价与管理

（一）课程评价体系

为了全面评价学生学业效果，学校紧密围绕提升学生的学科素养这个重要课题，结合英语学科的核心知识体系，改变过去“以知识为中心、教材为本位”的教学格局，针对不同的课程设计了具有学校特色的学科课程评价体系。经过一段时间的探索，逐步建立多维度评价、过程性评级机制，遵循评价主体多元化，评价形式和内容多样化，评价目标多维化的原则，结合不同的课程对学生的评价尽可能做到评价以人为本，突出学生的主体地位，发挥学生在评价过程中的积极作用。在设计和实施评价过程中，教师能够根据各阶段教学的特点与评价目的，充分考虑学生的年龄特点、心理特征及认知水平，选用合理、多样的评价方式，如自我评价、同伴评价、家长评价、教师评价等，实现形成性评价与终结性评价相结合。例如，对于“特色节日课程”，在评价中结合课程的不同环节，针对不同要素进行分项评价。

表 2-2　"特色节日课程"评价表

内容	年级	评价要素	评价标准	分值	得分	总分
节日课程	1～4年级	1. 参与	能够积极参与活动课程的学习，了解相关节日的知识。	☆☆		
		2. 制作	能够结合所学的节日制作相关海报。	☆☆☆		
节日课程	5～6年级	1. 参与	能够积极参与活动课程的学习，了解相关节日的知识。	2		
		2. 制作	能够结合所学的节日制作相关的海报、贺卡、小报等。	1		
		3. 表演	能够运用表演的形式介绍节日，抒发感情。	1		
		4. 汇报交流	能够在活动中积极与同伴进行交流，分享自己的学习成果。	1		

对于"快乐英语人人唱"课程的评价体现出评价的多元性。例如，针对教师的授课情况，纳入每学期末的教师教学能力评价；通过英文歌曲擂台赛的形式考察学生的学习效果，鼓励学生以小团队的形式呈现；根据学生的年段，进行分段多元评价。

表 2-3　"快乐英语人人唱"课程评价表

内容	年级	评价要素	评价标准	分值	得分	总分
快乐英语人人唱	1～2年级	1. 语言	英文单词发音准确，语音语调正确。	☆☆		
		2. 音准	能够把握歌曲的旋律。	☆		
		3. 表现力	演绎歌曲时感情充沛，形体语言配合自然，动作协调，表情自然大方。	☆☆		
	3～6年级	1. 语言	英文单词发音准确，语音语调正确。	☆☆		
		2. 音准	能够把握歌曲的旋律，有较好的音准，在唱歌过程中音调准确。	☆		
		3. 节奏	正确把握歌曲的整体结构，节奏感把握到位。	☆		
		4. 表现力	演绎歌曲时感情充沛，形体语言配合自然，动作协调，表情自然大方。	☆		

课程的评价要素既体现了学科实践活动课程对学生能力的基本要求，也体现了学科整合特色，从而对学生的综合能力做到了全方位评价。对于低年级学生，注重采用集星的办法，以比较宽松的方式对学生进行评价，减少学生的学习压力。对于高年级学生，注重从多角度对学生的学习兴趣与学习态度进行评价，发挥教学评价的导向功能，激励学生学习，激发学生学习兴趣，帮助学生树立学习的自信心。

在“幸福 e 路”英语学科课程整体设计中，我们制定了各项课程的教学评价方案，每一课程独立评价，又能够纳入整体评价体系。对于阶段性课程，我们在学生课程学习结束后，为学生颁发结业证书，记录学生的成长足迹。

（二）课程管理体系

1. 建立学校课程管理体系

“幸福 e 路”英语课程群体系在校长领导下，建立了由教学副校长、教学主任、教研组长组成的层级管理制度。该管理体系能够随时把握课程实施方向，进行必要的阶段性调整，保证课程顺利有效地开展。

2. 建立教师培训体系

课程实施不仅需要有正确的顶层设计，同时还需要教师的有效落实。因此，我们建立了相应的教师培训制度，每学期组织教师参加各级各类培训，开阔教师的视野，更新教师的观念，提升教师教育教学手段。另外，每月都开展有针对性的教研活动，通过教师间的沟通与交流，提升教师的教育教学水平，保证课程的顺利实施。

五、课程效果与特色

（一）课程实施效果

经过一段时间的实施，教师深深地感受到了课程带来的变化。通过课程的实施，学生学习英语的热情高了，比以前更自信了，特别愿意表达自己的观点，与他人分享自己的收获，语音语调也有了明显的提高。可以说，课程有效地培养了学生学习英语的兴趣，激发了他们参与英语活动以及学习英语运用英语的兴趣；改变了学生学习英语的方式，变死记硬背为积极自发、灵活轻松的学习手段；提高了学生的英语语感，增强了学生的听力，激发了他们灵活运用英语的能力；同时，学生通过具有丰富内涵的英语学习扩大了视野，初步了解英语国家的一些文化背景知识。可以说，课程逐步培养了学生对英语文化价值观念的开放态度，为学生最终产生对英汉两种文化的深刻认识打下基础。

通过课程的实施，教师的教育观也有了变化，树立了正确的学生观。教师的教育教学水平也有了明显的提高，纷纷在国家级、市区级教学评比、教学大赛中获奖，有更多的教师积极投入课程开发中来。通过课程的实施，我们也不断积累课程研发经验，多次与教育界同仁进行分享、交流，为学校带来了良好的口碑。

(二)课程实施特色与创新

“幸福 e 路”英语课程群体系的开发与实施，为提高学生的语言学习能力搭建了更多的实践平台，为学校的英语教学带来了很多意想不到的效果。

1. 聚焦学生核心素养，形成立体化培养体系

英语学科课程体系的设计立足学生在学习英语的过程中获得语言基本知识和基本技能，通过运用语言去学习更多的知识，形成与人沟通和交流的能力，还能通过学习语言丰富自己的内心世界，开阔眼界，发展人文素养、思维品质和学习能力，形成正确的价值观，学会运用所学知识分析和解决问题，理性表达观点，做出正确和明智的评价和选择。

我们针对英语听、说、读、写、看技能，设计了不同形式的特色课程，多维度培养学生的基本技能，发展学生的核心素养。课程研发团队以培养学生主动探究能力和主动学习意识为出发点，研发了多项英语特色课程，通过学生亲身实践，锻炼学生的人际交往能力，培养学生用语言进行交际和解决问题的能力，调动学生自学和运用英语的主动性，发展学生的合作意识和组织能力。课程采用了丰富的活动形式，吸引学生围绕专题进行深入学习，通过课外任务辅助课堂任务，而课堂任务又能够延伸到课外任务。

2. 课程设计周密合理，具有可操作性

“幸福 e 路”的课程设计充分体现了基于国家课程的校本化整体课程设计理念，课程方案设计具有周密严谨，可操作性强的特点，整体设计思路有目标、有管理办法、有具体的实施方案与评价标准。在整体设计思路的引导下，每一个子课程也都有明确的教学目标，在学校管理、课时保证、实施方案与评价标准等方面形成了体系，各具特色。

3. 课程效果显著，产生了一定的影响

“快乐英语人人唱”课程已形成了由英语教师教授、班主任教师组织实施、

音乐教师全程参与的学科特色整合，并产生了良好的示范辐射作用，周边的海淀、大兴、昌平区部分学校正在开设这一课程，并邀请我校课程研发团队给予不定期的课程实施指导。我校的课程建设经验及成果被《中国教育报》《北京晚报》《北京青年报》《北京教育》《中国德育》杂志等多家媒体报道，学校也多次被评为北京市优秀校本课程先进校。

此外，学校结合课程实施参加全国教育科学"十二五"规划教育部重点课题"中国中小学英语分级阅读体系标准研制"子课题的研究，获得全国第二届阅读教学研讨大会课题评选二等奖，同时，大会还邀请研发团队做经验分享，将学校的实践研究成果在全国范围内推广，受到了与会专家的好评。

实践证明，多层次、综合性的"幸福 e 路"英语特色课程群体系，不仅促进了学生英语学习的有效提升，而且发展了学生综合素质，促进了学生全面发展。经过探索与思考，我们对学科课程群落的构建有了新的认识，对学生核心素养的培养也有了更为全面、科学的理解，在今后的教学中将进一步完善学科课程，将学生的学科核心素养培养落到实处。

案例点评

一、与学校特色发展紧密结合

景泰小学在适应国家的教育政策、法规以及相关的教育理念的基础上，结合学校幸福教育的办学思想，构建了"幸福 e 路"英语课程体系。这是学校在新的视角下的尝试，他们站在课程的平台上，审视教学，研究教学，通过更多的路径实施对学生英语核心素养的培养。学校在顶层架构层面结合自身的办学条件，发展规划，教师队伍状况，学情状况等多种因素确定英语教学思路、发展目标、培养目标，从学校的层面出发，以课程为纽带向上关注教育，向下聚焦教学，倡导人人发展、人人提高的理念，给每一个孩子提供平等发展的机会和舞台，让每一个孩子在发展提高的过程中体验成长的幸福，学习的快乐。

"幸福 e 路"英语课程群体系建设源于学校原有的教学活动，是在原有工作基础上的不断优化、不断发展、不断延伸，从课程的层面搭建了学科的层级关系，横向、纵向贯通，结合不同学段孩子的学段特征，实现了由知识学习向实践应用的转变，将学生的学习与生活结合为一体，产生最佳的学习效果。学校的英语课程建设内容有新意，定位准确，实施到位，带来了教研模式和学习方式的变革，强调了课程的整合与融合。

二、三级课程融通整合有效果

景泰小学英语课程建设以学生为教育主体，开设了核心课程、拓展课程和活动课程三大类课程。核心课程以国家课程为基础，围绕小学生英语核心素养培养目标的课程设置夯实了英语学科基础。拓展课程从拼读能力、阅读能力、表达能力等多方面为学生提供发展的平台，旨在提升学生英语语言技能，是对核心课程的必要补充。在夯实核心课程的基础上，从单项技能入手，进一步提升学生的英语语言能力，通过课程帮助学生形成良好的学习习惯，使学生具备自主学习的能力。活动课程注重学生英语实践能力的提升，注重课程的多样性和实践性，将国家、地方、校本三级课程融合贯通，由单学科和多学科整合实践活动构成，形成了交叉的、三维的课程结构，为学生生成并养成未来必备品格和关键能力打好坚实的基础，使核心课程得到了深化，同时也是对课时量占比达10%的学科实践活动的落实和延展。学生通过“幸福e路”英语课程的学习，能具有持续的英语学习兴趣，能不断提升语言能力，能逐步发展思维品质，成为善于交流表达，具有国际视野的合格学生。

三、以活动为主的实施途径有成效

景泰小学英语课程体系遵循小学生学习英语的特点，强调以活动为实施途径，从学生的学习兴趣、生活经验和认知水平出发，运用体验、实践、合作与交流的学习方式，开设了多元化、多姿多彩的英语特色活动课程。活动课程给学生创设了浓郁的英语学习氛围，强调了学生多感官的体验，为学生搭建了展示英语才能的舞台，同时也让学生更加了解美式英语与英式英语的差异以及东西方文化的差异，学生通过实践交流提高了文化理解能力。学校针对英语听、说、读、写、看技能，设计了不同形式的特色课程，从各个维度培养学生的基本技能，发展学生的核心素养。丰富的活动课程，吸引学生围绕专题进行深入学习，丰富学生的体验。

除以上显著特点外，课程描述中学校实施“学科＋实践活动课程”的提法和思路也很有创意。但是，就课程而言，英语学科实施“学科＋构建活动课程”，需要多个门类的学习内容，综合多种学习方式去完成，具体的课程设置以及如何实施等方面的问题也有待进一步明确、细化、完善。

撰稿人：陈培荣　刘松梅　乔媛

点评专家：王建平

案例二：WM 英语课程，暖心启智

案例简介

北京市丰台区第一小学基于学校“暖记忆”课程体系整体构建了英语学科 Warm Memory 课程，中文是“暖记忆”英语课程。英语学习离不开记忆，WM 课程意在通过小学六年英语系列课程的学习，从知识、技能、文化方面给学生留下丰富、温暖、美好的记忆。WM 课程以基础课程、拓展课程和特色课程为支撑，助力学生在英语语言学习的过程中形成语言能力、发展思维品质、形成文化意识、培养学习能力打好坚实基础。

一、课程建构的背景

丰台第一小学创建于 1963 年，一校四址，现有 81 个教学班，近 4000 名学生。在发展过程中，学校逐步确立了“培养具有中国情怀、国际视野的小公民，为学生幸福人生奠基”的育人目标，形成了公民教育特色，在学科教学和社团建设上取得了一定的成绩。2016 年丰台区升级“课外活动计划”，实施“彩虹计划”，全区义务教育阶段中小学每天都要开展课外活动。丰台第一小学作为首批参加试点的学校，以此为契机加强了各学科课程建设的步伐，将学校课程内容和形式与学校整体课程方案设置有机结合，提出了全学科“暖记忆”课程体系构建思路。

首先，从理论上认知科学指出人脑的记忆有语义记忆和场景记忆的区别，语义记忆是没有时空背景的，一旦注入时空背景就变成了场景记忆。场景记忆是唯一能在时间上把人们带回到“过去”的记忆能力，它让人回忆起过去某一时空的情境，让人感到温暖，因此被称为“暖记忆”。开展“暖记忆”课程成为我校课程发展内容之一。其次，从实践中我们观察到学校每年教师节前夕都有大量毕业学生返回母校看望老师，这种返校现象背后是学生对校园文化、办学理念、学习氛围的认可，是对母校的自豪感和归属感，是学生对学校热爱、依恋、怀念、思念之情的体现。返校现象表明小学阶段的学习和生活给学生留下了美好的记忆，是启发学校开展“暖记忆”课程，通过课程育人实施学生文化认同的重要例证。“暖记忆”课程体系是丰台第一小学办学重要的载体，是学校所有工作最终的物化体现，是学校师生研究能力与学术水平最有力的证物，也是学校的核心竞争力的体现。

作为学校课程建设的实践者，英语组教师积极开展英语学科课程建设的探索。学校英语组共有8位英语教师和1位外教，其中区级骨干6人，平均年龄为33岁，共同承担了三个校区共81个自然班的英语教学任务。在五年多的探索过程中，老师们结合教学中的问题开展了多项课题研究，获得了三项市级课题、二项区级课题，参与了二项国家课题的研究。学校“暖记忆”课程体系中，英语学科课程建设是重要组成部分。英语课程作为基础教育阶段的必修课程在小学生的学习生涯中有着不可替代的影响力，对发展学生语言能力，培养学生思维能力，拓展学生视野方面有重要的作用。兼顾英语课程工具性和人文性的特点，我校开展的一节节英语课在提高学生语言能力的同时，也会启迪学生心灵，为学生留下温暖的回忆。

基于学校“暖记忆”课程的理念，英语组集体设计了WM英语课程方案，它是学校“暖记忆”课程体系下的学科课程分支。英语教师团队在教学实践的基础上重新梳理英语课程，从课程目标、课程框架、课程内容、课时安排、课程评价等多个维度进行研究，形成并逐步完善了WM英语课程方案。课程方案以培养学生的观察、记忆、思维、想象能力和创新精神为目标，通过设置各具特色、互为补充的基础课程、拓展课程、特色课程等，使学生在习得基础知识的同时，深入学习、拓展视野，运用所学知识探讨问题、表达交流，在培养学生学习兴趣、提高能力的同时进行情感教育。

二、课程体系设计

(一)课程名称

WM(Warm Memory)英语课程，中文是“暖记忆”英语课程。WM英语课程意为通过小学阶段英语系列课程的学习，即基础课程、拓展课程和特色课程，给学生留下丰富、温暖、美好的场景记忆，启迪学生智慧，培养小学生的核心素养。

学生在小学阶段需要通过不同的课程和活动来学习知识和技能，并在过程中掌握学习方法，了解文化。WM英语课程的学习，不仅是学生通过英语学习和实践活动逐步掌握英语知识和技能，提高语言实际运用能力的过程；而且是学生磨砺意志、陶冶情操、拓展视野、丰富生活经历、开发思维能力、发展个性和提高人文素养的过程。WM英语课程在国家课程的基础上增加拓展课程、特色课程，倡导通过不同的活动为学生创造更多温暖的场景记忆，让学生有不同的体验，培养学生积极向上的精神，养成良好的学习习惯，形成良好的审美。课程体系如图 2-4 所示。

图 2-4　WM 英语课程体系示意图

（二）课程目标

WM 英语课程目标是激发学生学习英语的兴趣，发展学生自主学习的能力和合作精神，培养学生创新能力、良好的道德品质和人文素养；培养学生的国际参与意识和跨文化交际能力；发展学生的个性，培养学生核心素养。

从课程建设的发展角度来看，学校将通过 WM 英语课程的整体设计实现国家课程、拓展课程和特色课程的有效整合，实现选修课和必修课、基础课与拓展课的统一，形成促进学生自主发展的多层次、多主题的课程体系。学校在此基础上持续探索和开发，为学生提供丰富的学习内容和多样化的学习方式，拓展学生语言学习范围，促进学生成长，同时带动教师的成长，让英语教师团队成为多元化的教学团队。

（三）课程框架

WM“暖记忆”英语课程体系旨在凸显英语学科育人的特色。课程框架中的基础课程即国家课程是小学阶段学习的主要内容，它注重学生基础学习能力的培养，旨在帮助学生通过学习掌握语言基础知识，掌握一定的听说读写技能。课时设置为一年级和二年级每周 2 课时（每课时 40 分钟），三至六年级每周 3 课时。拓展课程为国家课程的延伸和拓展，注重拓展学生的知识与能力，开阔学生视野，发展学生能力。学校在对国家课程内容梳理的基础上以单元主题为依托，补充了部分《攀登英语》《典范英语》等绘本，《丑小鸭》《灰姑娘》等经典剧，旨在提高学生的语言表达能力，拓展学生的思维品质。特色课程则注重培养学生的探究意识和能力，体现了学校的课程特色，旨在通过不同的课程活动提高学生的探究能力，培养学生的语言运用能力，促进学生对中西方文化差异的理解，拓展学生的视野，为学生全面发展打好基础。在课时设置上，拓展课程和特色课程中必修课时为每个年级周三早晨增加的1课时阅读(30分钟)，用于学生英文绘本阅读交流及教师指导。拓展课程和特色课程中的选修课时为每周二、周三或周四下午三点半至五点，游学课程时间为每年的寒暑假。

表 2-4 WM 英语课程内容安排表

课程层次		课程内容	课程安排	学习方式	教学方式
基础课程	必修	北京版小学英语	每周2—3课时 每课时40分钟	主题式单元教学	自然班课堂授课
拓展课程	必修	英语绘本阅读	每周15分钟	自主学习 合作学习	自然班课下学习与课上指导相结合
	选修	英语戏剧表演	每周一次 每次2课时	合作学习	教师指导与小组合作学习相结合
特色课程	必修	综合实践活动	每学期1次 每次2—3课时	探究学习	教师指导与学生小组合作学习相结合
	选修	大美古都课程 每月一节 游学课程	每年8课时 每月1次 每年1—2次	探究学习	教师指导与学生体验相结合

三、课程内容和实施

(一)落实国家课程，夯实学生基础

1. 关注学情，探索模式

课程体系中的基础课程也是国家课程，以北京版《小学英语》为内容。在认真研究、准确把握教材的基础上，英语教师将研究聚焦在教学实施上，在理论和实践相结合的过程中，重点研究京版教材的教学实践方法。首先，教师们在上课前要做好充分、细致、准确的学情分析，不仅关注学生的一般性特点，更关注学生的学习优势和具体困难。其次，对教材文本背景进行充分

挖掘，补充场景信息和背景知识，对教材内容进行开发和补充。再次，课上以单元主题为中心，围绕主题加强新旧知识联系，结合学生的生活实际展开学习讨论，并结合学生知识背景问题和京版教材的体例、结构特点，适时、适量增加断档知识和综合性操练活动，使学生在学习知识的同时发展听说读写及运用语言的能力。课后教师还及时反思、发现问题、不断改进，逐渐完善课堂教学，不断提高教材的把握能力。总之，课堂教学要充分体现“以生为本”的理念，要将学情分析贯穿于教学的全过程。通过这样的教学实施方式保证了学生在学习的过程中体验、理解、思考、探索，并逐渐使学生的语言能力、学习能力、思维能力得到有效发展。

2. 整体设计，活用教材

在课程教学过程中，教师既不能脱离教材，又不能照本宣科。教师要在精通教材的基础上，根据自己的理解和教学风格，结合学生的知识水平、年龄特征和实际学习需要，对教材内容进行精心处理，合理分配课时，妥善安排教学顺序和每一课时教学内容，以达到良好的教学效果。教师们注重教材的整体设计，上课前重在理清单元、教材课时、自然课时、教材板块之间的关系，根据教材内容确定重点、预设难点，根据教学重、难点设计问题，引导学生主动参与课堂活动，在语境中思考、理解。在课堂教学中注意创设较为真实的生活情境，鼓励孩子们在活动中实践运用语言，提高综合语言运用能力。

3. 文化渗透，学科育人

小学英语教材虽然语言简练、内容浅显，但是许多内容都与西方的古代神话传说、寓言故事、历史事件、文学典故及生活习俗有密切关系，这些都体现了英语国家的文化传统、价值观念及行为规范。因此教师们努力挖掘所教内容，将文化知识融入语言教学中，不仅仅关注知识的工具性，更发掘知识的人文性内涵，使学生对英语语言的认识由日常交流的语言上升为对西方国家人文知识的理解。

4. 结合课题，以研促教

教学与科研同步进行，相互促进，才能取得更好的教育效果。使用京版教材以来，英语组全体教师积极开展英语课题研究，先后开展了《在小学英语教学中，注重学情分析的研究》《小学英语学科实践活动的研究》《在小学英语课堂教学中培养学生口语能力的研究》《小学英语课堂中绘本阅读教学的研究》等课题。在课题的引领下，教师们认真学习相关教学理论，结合所教内容积极开展研究，上研究课、撰写案例、课后反思、总结经验。通过课题研究，教师们提升了问题解决的意识和能力，摸索出了多种英语课型的模式，同时提高了学生的口语、阅读及表达能力，为学生进一步学习英语打下了坚实的基础。

（二）开设拓展课程，丰富学生体验

1．英文绘本阅读，促进学生思维发展

英语阅读是学好英语的重要手段和有效途径。阅读对于学生具有重要的作用，不仅能培养学生英语语感，还能促进词汇积累，提高写作水平。阅读能力是学生的其他语言能力发展的基础。《典范英语》《攀登英语》《大猫英语分级阅读》都是以故事为内容的英语绘本，在拓展课程中得到了充分的运用。学校教师结合京版教材各年级、各单元主题内容，自主选择相关绘本内容，每个年级每学期要完成六至七篇绘本阅读，师生利用每周三早晨阅读和学习英文绘本故事，逐步完善学校绘本教材的整体建设。

在课程中，教师采取不同的阅读模式。中低年级以图片环游为主，教师呈现主题图，先用简单直接的内容性问题推动学生了解故事内容，在理解的基础上逐步通过看图片、提问题、看故事、读故事、寻答案、讲故事的模式加深学生对故事内容和语言的理解，逐渐掌握简单的阅读方法和技能。高年级则采用思维导图来辅助学生自主阅读。首先教师提供不同类型的思维导图，讲解不同的逻辑关系，然后学生根据所阅读的绘本内容在课下绘制思维导图，每周三早晨学生以小组为单位展示并简单复述绘本故事内容，之后评选出本组优秀思维导图作品。在学习方式上教师采取了个人和小组合作相结合的学习方式。中低年级学生以小组合作为主，相互监督阅读进度，检查阅读内容的完成情况。高年级学生以个人自主阅读为主，小组主要任务是集体完成对故事的复述及对绘本思维导图的评价。针对每个年级不同学生英语学习水平的差异，针对学生可能存在的知识和语言困难等情况，教师制作了资源包分享到每个班级的家长微信群，资源包含有针对绘本内容的动画、歌曲等视听资源，能帮助学生更好地理解绘本，提高学生的学习兴趣。在学习过程中，学校始终坚持鼓励为主，加强评价，调动学生已有的经验去理解、思考、建构，通过日常积累使学生的语言能力、思维能力和学习能力得到发展，帮助学生掌握英语阅读的方法和策略。

2. 英文戏剧表演，提高学生语言表达

戏剧表演有助于提高学生团队协作能力及语言表达能力，提高他们的英文素养和对西方文化背景的理解。基于学生不同的兴趣爱好，学校开设了供学生选修的英文戏剧表演课，学生根据兴趣爱好自愿报名，英语教师及外教组成了辅导教师团队。每个学期编排两个戏剧，戏剧内容分为两类，一类以经典剧目为主，例如《丑小鸭》《灰姑娘》，另一类以改编和独创为主，例如改编课本剧《年的由来》，独创校园剧本《一颗珠子的旅行》。每学年初，学校公开招聘戏剧社的成员，在自愿报名的基础上，由评审组进行考核选拔，确定英文戏剧团的成员，然后进行戏剧创作和排练，师生读绘本、分角色、排剧本，还有机会参加市区级的各类竞赛及展演活动。

（三）优化特色课程，拓宽学生视野

1. 综合实践活动，培养学生探究能力

学科实践活动使学生的学习从书本知识走进现实生活，学校在实践活动中注重通过体验、实践、参与、合作与交流的学习方式和体现英语学习活动观的教学途径提高学生在语言能力、思维品质、文化意识和学习能力四个维度的素养，加强对课堂所学知识的巩固和应用。

(1)以主题引领的研究性学习活动

各年级教材中的每个单元都是围绕同一主题展开的，小学阶段涉及的有关颜色、动物、学科、旅行等话题都与学生的实际生活密切相关，它们具有较强的实践性和操作性，学生也乐于学习，适合开展学科实践活动。例如：在三年级上册第六单元 I have fifty markers，学生学习了新句型 May I borrow your glue, please? 之后，结合单元中出现的句型和内容，教师充分挖掘资源，选择了《攀登英语》绘本中的 Magic Tails，将绘本内容适当调整，巧妙结合教材内容进行拓展延伸。通过绘本呈现小苍蝇跟别的动物借尾巴的故事，再次复习了所学内容，同时通过故事的学习，学生也逐步领悟了不同动物尾巴都有不同的作用，懂得了适合别人的不一定就适合自己的道理。四年级下册第三单元的话题是问路，主要学习建筑物、超市等公共场所的名称，呈现问路、指路等核心语言。这个话题离学生的生活实际很近，考虑到学校面积较大、教学楼较多，学生也只了解自己学习、生活的区域，于是在学习完这个单元之后，教师开展了英语实践活动 I know my school。首先，教师把班中的学生分成小组，从校园内部的教学楼、宿舍楼和办公楼中自由选择一个地点进行实践探究、观察、拍照，记录相应区域，画出简图，之后还在英语课上展示作品并实际交流。通过实践活动，学生了解了学校几栋教学楼及校园内部安排，知道了一些场所的英语说法，模拟了在问路时的礼貌问答，养成了分享、合作的良好品质，提高了用英语做事情的能力及问题解决能力。

这种研究性学习活动是某课、某个单元活动的拓展、延伸，也易于操作，但教师要善于发现课本所学知识与实践活动的契合点，合理设计组织活动，力争通过丰富多彩的活动激发孩子们的学习兴趣、培养他们的合作、探究意识，提高学生们的语言表达能力。

(2)以跨学科整合的自主性学习活动

跨学科的整合是促进学生深度学习的重要手段。英语作为表达和交流的工具，必然需要有意义的内容，也必然要与其他学科整合。在整合学习的过程中，学生不但学习到了相关内容，而且有利于自然习得语言。学生对学习内容本身的兴趣和在探究过程中的渴望会点燃学习热情，将知识学习的过程转化成自主探究的过程。在英语与科学学科整合的实践中，教师借助 Light Up Science 系列教材，选择适当的内容，采用探索方式引导学生用英语学习科学。例如，在 Soil and Rocks 一课中，以 Does the water drain away quickly? 作为核心问题贯穿整个探究过程，以发现问题→大胆猜测→实验验证→表达交流四个环节帮助学生了解了 stone、sand、soil 三种物质排水性的强弱，在自主探究和分享交流中，学习并运用英语描述实验步骤，分享实验结论。英语和科学的有效整合帮助学生在自主学习的过程中获得了语言和内容的双重收获。

(3)以社会考察为主体的体验性学习活动

学校每个学期都会有不同的教育主题，教师根据学校、年级活动的主题及英语学科本年级学习内容制定小的探究主题，合理设计与英语相关的实践活动。例如：低年级参观汽车博物馆，开展 Interesting Cars 活动。参观前教师让学生上网查找汽车的种类和起源、发展变化，参观时在认真倾听讲解、参观的基础上了解汽车的演化史，最后画出自己最喜爱的汽车，并用英语简单介绍出来。高年级走进植物园，了解了植物的各个组成部分、分类及作用，还亲手采集自己喜爱的叶子，制作叶贴画。回到学校后根据研究兴趣分小组继续深入探究，最后在课堂上以 Amazing Plants 为主题，以组为单位汇报研究成果，帮助学生在深入了解植物的同时锻炼英语表达和语言运用能力。英语综合实践活动是对课堂所学知识的一种拓展和应用，它为学生搭建了实践、展示、创新的空间，培养了学生的英语核心素养。

2. 学校特色课程，培养学生爱国情怀

大美古都课程是多学科合作开发的一门课程。在组织英语夏令营的活动过程中，每次都要带中外学生外出参观北京有特色的景点，如故宫、颐和园、天坛等，学生和外籍教师对中国的传统文化非常感兴趣，因此英语教师设计了英文小导游的活动。活动分为四个环节，首先组织学生上网浏览相关内容、查找资料；之后进行相关景点英语单词、短语、句子的学习，然后分小组准备英文解说词，教师给予适当的帮助；最后在外出活动时由各小组介绍景点。目前学校已经开发了 The Summer Palace、The Palace Museum、The Temple of Heaven、The Great Wall、The Temple of the Earth、The Tiananmen Square 六个景点的课程，通过此项课程的开发和实施，不但锻炼了孩子们的语言交际、表达能力，同时传播了中国优秀的传统文化，进一步落实了学校“培养具有中国情怀、国际视野的小公民”的育人目标。

3.“每月一节”活动，让英语走进学生生活

学校开展“每月一节”活动，每月围绕一个主题开展教育活动。英语组在每个节日中，都会结合学生的心理及年龄特点、知识难度设计不同的活动。例如：在“缤纷成长节”中，鼓励六年级的学生用英语为同学们写留言，在毕业典礼上演唱英语歌、表演英语剧，表达对老师的感激和对母校的眷恋之情；在“静心阅读节”，孩子们阅读经典英语故事，以朗诵、配音、戏剧表演等形式在全校展演。尽管每月活动的主题不同，表现形式不同，但是都将英语作为参与活动、参与社会生活的载体，锻炼了学生的语言能力，增强了自信心。

4. 对外交流活动，拓展学生国际视野

近年来学校开放办学渠道，开展“走出去、请进来”的活动让孩子们在精彩的英语世界中畅游，在体验、感受异域文化、提高英语运用能力及综合素养的同时将中国的文化精粹传播到世界各地。一年一度的英语夏令营活动已

经成为学校的特色活动，每年第二学期期末会对报名夏令营的学生进行口语测试，将符合条件的学生按低中高分成小班，每班配备一名外籍教师，英语教师作为助教参与班级的组织管理及翻译工作。夏令营先后开设的科目有Listening、Art、Reading、Science、Writing、I Wonder、P. E. 、Music 等，外籍教师以活动为主要形式开展教学，课堂氛围轻松愉悦，学生在参与体验的过程中，进一步提升语言运用能力。

四、课程评价

科学的评价体系是实现课程目标的重要保障。学校从学生的学习技能、参与度、合作精神、学习能力等方面综合评估，通过评价使学生在英语学习过程中不断体验进步与成功、认识自我、建立自信、调整学习策略，促进学生综合语言运用能力的形成，使教师获得英语教学的反馈信息，对自己的教学行为进行反思和调整，不断提高教育教学水平，同时也使学校及时了解《课程标准》的执行情况，不断改进教学管理，促进英语课程的发展和完善。

(一)国家课程评价

学生国家课程的学习评价分成定性和定量两种评价方式。定性评价是指教师针对课上学生的学习情况和表现给出的定性的、结论式的判断，例如给出评语、评出等级。定量评价是指学生在学习国家课程时的平时成绩和考试成绩。国家课程以定量为主要评价方式。首先，英语教师建立班级英语学科成长档案，内容包括班级内每个学生每学期的单元试卷成绩、期末检测成绩、英语作业成绩、课堂听写成绩、参加市区级英语竞赛成绩等。评价等级分为A、B、C、D、F 五个等级，对应百分制为 A(90－100)、B(80－89)、C(70－79)、D(60－69)、F(60 分以下)。在学生作业、检测、竞赛等任务完成后教师及时记录学生各项平时成绩和考试成绩，对学生成绩进行横向或纵向的对比和分析。最后，根据学生的成绩分析学生出现的问题、形成问题的原因、思考解决问题的对策。教师也会为每位学生建立评价档案。评价档案是学生学期末参加评优的重要依据之一。定量的评价方式有助于评价精确化，加强评价的区分度，降低评价的主观性和模糊性，增强评价的信度与效度。

(二)拓展课程评价

拓展课程以定性评价方式为主，辅以定量评价。定性评价标准包括：学习兴趣、活动参与度、活动纪律遵守情况、学习习惯养成情况四个方面。例如，学生达到全部四个方面为优秀，达到其中三个方面为良好，达到两个方面为合格。在英文绘本阅读中辅以定量评价，教师和家长共同记录学生每学期阅读英文绘本的数量并给予评价。中、高年级以阅读10本及以上为优秀，6本及以上为良好，4本及以上为合格。低年级学生每完成一本绘本阅读可以得到一枚阅读印章，学期末印章最多的学生被评为“阅读之星”。英文绘本阅读的评价人可以由教师、家长和学生三方组成，做到他评和自评相结合。家长参加评价可以发挥监督鼓励的作用，学生自评和互评则有助于学生了解自己的阅读水平和阅读进度，激励自己前进。定性评价简单易行，能够快速、直接指出学生的问题，评价学生学习的程度，便于家长了解学生学习状态，明确学生的努力方向。

(三)特色课程评价

特色课程包括大美古都、“每月一节”和游学课程。在实际实施过程中这些课程有的内容是可以量化的，有的是不能量化或不易量化的，所以需要将定量评价和定性评价结合起来进行综合评价。例如：在英语学科综合实践活动、“每月一节”和游学课程中，对学生的参与意识、合作精神、实践能力、探究能力、分析和解决问题的能力进行定性评价，并在适当的时候结合定量的评价来充实评价内容，如学生参加实践活动次数的情况应该采取量化评价。

WM英语课程的评价体系充分体现评价主体的多元化和评价形式的多样化，提倡形成性评价与终结性评价相结合，既关注结果，又关注过程，以形成性评价为主，他评与自评相结合。为了使评价有机地融入教学过程，学校建立开放和宽松的评价氛围，鼓励学生、同伴、教师以及家长共同关注和参与评价，实现评价主体的多元化。同时，英语教师还有自己的特色评价方式，每学期末根据学生的表现评选“英语之星”“进步之星”，颁发学习小主人奖章等等。教师把英语教学与情感教育有机地结合起来，创设各种合作学习的活动，促使学生互相学习、互相帮助，体验集体荣誉感和成就感，发展合作精神，把培养和发展学生的情感融入平常的教育教学之中。

五、课程实施效果分析与反思

(一)课程实施特色

1. WM英语课程具有系统性、多层次特点。课程注重学生主体地位，实现基础课程、拓展课程和特色课程的整合，建立了三个层级七个类别的英语课程，即京版英语课程、英语绘本阅读、英文戏剧表演、综合实践活动、大美古都、“每月一节”、游学课程。在课程实施过程中，为学生提供了主题丰富、难度分级、内容丰富的课程资源，形成了有学校特色，以培养学生探究能力为主的特色课程。

2. WM 英语课程具有启智育人的特点。在 WM 英语课程体系中，基础课程注重学生基础学习能力的培养；拓展课程注重拓展学生的知识与能力，开阔学生视野，发展学生能力；特色课程旨在通过不同的课程活动提高学生的探究能力，培养学生的语言运用能力，促进学生对中西方文化差异的理解，为学生全面发展打好基础。三位一体的课程体系在实施过程中启迪了学生智慧，而且依据学生特点为每个学生的发展提供了资源和平台，为学生创造了温暖的场景记忆，在传递知识的同时做到暖心育人。

3. WM 英语课程具有可持续发展特点。WM 英语课程是学校“暖记忆”课程体系的一个重要组成部分，培养目标与学校的育人目标一致，具有可持续发展特性。学校年轻的高素质教师团队为课程的实施和发展提供了有力的支持，WM 英语课程的实施又促进了教师队伍教研能力的不断增强，双赢的良性循环是 WM 英语课程可持续发展的重要保障。

(二)课程实施效果

WM 英语课程的实施，激发了学生参与学习的兴趣和自主学习的动力，增强了学生自主学习探究的意识，提升了学生自主学习能力。

1. 从学生方面看，学生参与英语课程活动的积极性进一步增强，课上主动交流的人数明显增加，课堂学习氛围浓厚。学生的口语表达交流能力也得到了进一步的提升，自主报名参加各类英语选修课程的学生越来越多，学生先后参加全国、市、区级各类英语竞赛均获优异成绩。

2. 从教师发展看，教师的教学水平和科研能力不断提高。教师在与同伴合作研究开发课程的过程中，教学观念及水平等方面也有了很大的提升。学校英语教师在区级“师慧杯”“创新杯”教学竞赛中取得了较好成绩，先后承担了教育部国培计划、北京市绿色耕耘等教师培训活动，获得了专家的认可和好评。

3. 从社会反响看，学生的成长和发展让家长对学校的课程建设予以充分的认可，很多家长主动为学校提供良好的社会资源，这些为学校后续的课程实施提供了有力的支持和保障。

(三)反思与改进方向

在WM英语课程实施过程中，学校和教师都收获了成果，但还存在一些问题需要继续思考、探索，寻找解决的办法。

1. 丰富的课程内容与有限的教学时间之间的矛盾

随着课程的推进，学校引入了越来越多的课程内容，然而学生的学习时间是有限的，这需要教师将内容进行优化整合，不断探索新的学习方式和教学模式，让学生在有限的时间里完成更多的学习内容。

2. 学生个性多样化与评价方式局限性之间的矛盾

课程评价方式对于课程的实施有着重要的作用。小学生的个性具有多样性，教师的评价方式只有跟上学生的特点才能更好地反馈和激励学生学习。学校需要加强对课程的评价设计，对教学目标、课程内容及时进行诊断和调整，用更多更好的评价来促进课程的发展和学生的进步。

WM英语课程建设依然在不断完善和改进的过程中，围绕着如何促进学生英语核心素养的落实，全体英语教师将继续脚踏实地开展课程研究，探索如何更好地丰富和实施WM英语课程，努力温暖每个孩子的心灵，启迪每个孩子的智慧。

案例点评

WM英语课程是丰台第一小学的英语学科课程，是基于学校的总体育人目标理念下的一个具有英语学科特色的课程。该课程的开发秉承了学校的人文教育理念，是在“培养具有中国情怀、国际视野的小公民，为学生幸福人生奠基”的育人总目标的指引下，遵循语言学习的规律，统筹学校的教育资源，经过英语组全体教师的共同设计、人人参与，在实践中逐步形成的英语课程。

一、WM课程是学生幸福成长的温暖源泉

WM是英文Warm Memory的缩写，即“暖记忆”英语课程，强调在英语课程开展的过程中给学生留下丰富的、温暖的、美好的记忆。“暖”是指学生所记忆的内容是正面的、积极向上的，也是指学生记忆的过程是能触动学生积极情感记忆火花的过程，而不是枯燥乏味的机械记忆过程。课程的核心是记忆，关注点在学生。在小学生的英语学习和活动中，学生会产生各种丰富的记忆，包括知识、技能、思维、视野、文化、兴趣等方面。具体到某一个学生，究竟有哪些具体内容会深藏在记忆之中？这是内在和外在两方面因素共同作用的结果。外在因素是指，教师能否根据学生的年龄和身心特点设计出让学生感兴趣并有教育价值的内容，同时以适当的方式引起学生的关注。例如，三年级教师结合国家课程中“借物”的单元补充了学生喜爱的绘本阅读。当然，这样有价值的课程内容不仅仅体现在课堂教学之内，它还蕴含在学习环境之中。例如校园或专业教室中的英文标牌、学生作业等等，都会给学生带来终身的记忆。内在因素是指学生的主动获得，越是学生感兴趣的东西学生越会主动记忆。例如，在选修课程中，学生可以自主选择心仪的社团，即选择适合自己的学习内容和学习方式，进而提高了记忆的效率和效果。从这些角度来说，WM 英语课程为帮助学生成就幸福人生奠定了良好的基础。

二、WM 课程是一个涉及课内与课外、校内与校外的系列课程

WM 课程是学生在六年的时间里学习的一个系列课程，包括三个主要内容，基础课程、拓展课程和特色课程，其中后两项是对基础课程的有益补充。基础课程是为了保证教育的质量，是从国家层面设定的学科课程，选用北京版小学英语教材。拓展课程是学校针对语言学习和语言运用设定的学科专业层面的课程，它包括绘本阅读和戏剧表演。特色课程是为了提升英语在学习活动中和真实生活中的实际应用，为了增进国际理解和传播中国文化而开设的经验层面的活动课程。它包括综合实践活动课程、大美古都课程、“每月一节”和游学课程，是以丰富学生学科经验和社会活动经验为目的的活动性课程。课程主要是从关注知识、技能、文化三个方面来拓展学生的视野、丰富生活经验、提升思维能力、培养创新精神，促使学生了解中西文化差异、树立文化自信、形成良好的人生观和价值观。

三、WM 课程促进了学生在运用语言的过程中自然习得

语言能力是英语学科核心素养的基础。基础类课程要求安排每周 2—3 课时的国家课程的学习，这为提升学生的语言能力提供了时间上的保障。同时，基础课程内容的系统化特征也为学生的语言积累奠定了基础。拓展课程中的绘本阅读和戏剧表演课程呈现了一个个小故事，故事的主题贴近儿童生活、内容生动有趣、人物鲜活、插图精美、配音戏剧化，将语言的工具性和人文性完美结合。学生在阅读和表演中自然地积累语言、品味人生，将语言的学习自然地融入到语言运用的过程之中。特色课程聚焦运用语言文化交流的层面，在活动中学习用英语介绍古都文化、挖掘民族优秀文化、树立文化自信，同时，通过夏令营和游学活动对外弘扬中华传统文化，增强民族自尊心、自信心和自豪感，综合实践活动表达思想、交流情感，这既可以帮助学生在有目的的交流中运用语言，又可以在交流中相互学习，拓展跨学科的知识与技能，从而将语言学习运用在真实的人际交往中，增强了民族文化认同感，提升了交往能力，拓宽了国际视野。

四、WM 课程促进了学生良好文化意识的形成

学生良好文化品格的形成不是一簇而就，也不是依靠教师说教就能形成的，它需要渗透在日常教育教学的过程之中。WM 英语课程强调在教师精心设计的活动中使学生体验并尝试运用语言进行思想交流或解决问题，反对以死记硬背的方式记忆知识、技能、方法和文化。例如，在跨学科的综合实践活动中，高年级开展了学生体验的“走进植物园”的实践活动，活动分为 Wondering（提问）、Finding（研究）和 Sharing（分享）三个阶段，依次引导学生确定问题、研究解决问题和分组展示分享。学生在活动中围绕植物主题提出自己感兴趣的问题，然后运用一切可能的手段和方式研究并尝试解决这些问题，最后以自己喜欢的方式分组展示研究成果。学生在整个活动过程中初步提升了质疑意识、问题解决意识、创新意识、交流意识和团队协作意识。这些优秀的文化品格，为学生成为幸福的公民奠定了基础。

撰稿人：张晓卫、纪丽、骆怡龄

点评专家：黄艳

第三章　评价研究：注重发展的过程性评价

第一节　基于素养和发展的评价

评价(evaluation)系指个人或团体对某一时间、人物或过程的价值判断(Ponser，1995)。换言之，所谓评价就是一定事务或对象的价值在人们意识中的反应。在教育范畴，评价是课程教学的重要构成。当前，探索基于核心素养的评价内容与方式，对学生的长远发展具有非常重要的意义。那么，怎样建立一套基于英语学科素养的评价体系，既能得到学生家长的认可，又能切实促进学生健康、全面的发展？怎样构建一套便于操作使用的评价方式，既能全面、全程反映学生的英语学习及成长轨迹，又适于长期坚持？怎样建立有效的反馈机制，动态调整评价指标，从而获得更精准的评价效果？面对以上种种问题与挑战，以核心素养培养为目标，将质性评价与量化评价、表现性评价与终结性评价结合起来是探究学生评价体系与实践的有益探索。

一、构建校本化的评价体系

评价是英语课程的重要部分。对学校课程建设而言评价是学校进行课程研究和课程建设极为关键的部分，是学校课程体系设计和实施有效性的保证，也是课程体系持续性和科学化发展的不竭动力。任何一个学校的课程都具有其独特性，只有构建校本化评价体系才能对核心素养、课程标准进行校本化的表达，并使其转化为具体的学科育人目标，从而确保落地有效。构建校本化的英语评价体系要根据课程标准规定的课程目标与要求，采用科学、合理的评价方式和方法，可以从以下三个方面进行整体评价设计。

第一，对课程方案的评价。学校校本化课程体系的构建体现在文本上就是学校的课程方案，因此，对学校英语课程体系的评价具体体现在对学校课程方案的评价上。对学校英语课程方案的评价是对方案中英语各类课程、各种形态的课程在满足学生、教师、学校发展需求的程度所做出的价值判断。这种评价要以客观事实为依据，重点在于发现方案中的问题，对方案进行及时的调整，以完善课程方案，保障课程的质量。

第二，对课程实施效果的评价。实施的效果主要包括学校英语课程实施的情况和教师的课堂状况两个方面。英语课程的实施，既要从课程设置上体现各类课程的实施，也要在课程实施的过程中通过观察、调查、访谈等手段征询师生意见，评估、量化学生以及家长等对英语课程的满意度；例如，可以采用随机抽样的方法，调查学生对各类课程的内容、呈现方式、个人的收获情况，还可以对任课的英语教师进行评价。此外，可以组织教师、学生、家长、专家等对英语各类课程进行综合评价，促进课程的有效实施。在评价过程中应该重点关注对教师的课堂状况进行评价，要从教学内容、教学组织、教学效果等几个不同维度进行评价。在诸多因素中，学生参与教学活动的深度和广度是学习质量高低的标志，因此要把评价的重点放在学生的学习过程上，要特别关注学生能否主动参与语言实践活动，是否有足够的时间参与、体验语言的应用。当然，评价不能忽视英语课堂教学的人文性，也要重视师生之间教与学的过程是否和谐，教学内容是否融入情感态度、价值观、文化意识等人文素养的教育，学生是否始终处于积极的学习状态，这都是当前小学英语课堂教学评价的重要指标和关注点。

第三，对学生英语学习的综合评价。学生评价是教育评价的一个重要领域，科学有效的评价有助于准确把握学生发展水平，诊断学生学习中遇到的困难与问题，从而改进学校教育教学质量，促进学生全面而健康地成长。《课程标准》对小学英语评价的目的、形式、方法作了明确规定，并强调小学的评价应以激励学生学习为主。小学阶段的评价应以形成性评价为主，重点评价学生参与各种教学活动的表现。小学中低年级的终结性评价应采取与平时教学相近的、生动活泼的活动形式。小学高年级的终结性评价除了采用与平时教学活动相近的方式，还可以合理采用口试、听力和笔试相结合的方式，考查学生基本的理解和表达能力，特别是学生用英语做事情的能力。然而，当前对学生英语学习的评价还存在很多问题，例如档案袋评价与日常教学结合不够紧密，教师工作量大而难以推广，教师更多关注纸笔型测试、只评价学生学业水平，采用的测试工具往往不符合学生年龄特点等问题仍然比较普遍。

按照《课程标准》理念要求，整个小学阶段的评价应以《课程标准》为依据和准绳，对学生进行科学、多元化、综合化的评价。基于学生学习与成长可以从“学习兴趣”、“学习习惯”、“学业成果”等维度全面诊断，也可以结合《课程标准》提出的综合语言运用的五个维度展开。其中，对情感态度、文化意识等难于用具体指标进行评价和量化的项目，可以采用学习档案袋、问卷调查、学生自评、互评，以及小组评价方式进行，也可结合语言实践活动采取家长评价、学校评价。总之，要如实反映学生的英语学习情况，明确学生存在的问题，客观记录学生阶段性的学习成果，从而对学生进行指导。以北京小学长阳分校为例，该校的英语综合评价以班级为主，包括自我评价、档案袋评价、组内评价、教师评价、家长评价等方面，具体内容包括：

- 自我评价：各班在开展评价前，自主展开描述性评价，用海报、推介介绍、PPT播报等方式多方面、多角度展示学生英语学习情况。
- 档案袋评价：将各类获奖证明、作业状况、课堂表现、集体活动等作品汇集为学生成长档案，作为“小博士金字塔”评价指标测评的参考依据。
- 组内互评：非学业因素测评主要以组内互评为基本内容，各班根据实际情况制定标准，由小组进行学生达标评价。
- 教师评价：根据学期学习状况对每个学生进行学业评价，采用等级方式反馈。
- 家长评价：将学生行为习惯指标与家庭表现结合起来，由家长共同反馈。

二、关注学生的过程性评价

《课程标准》指出：“注重过程评价，促进学生发展，建立能激励学生学习兴趣和自主学习能力发展的评价体系。评价要有利于促进学生综合语言运用能力和健康人格的发展”。开展基于核心素养和学科能力的评价，就要把握

《课程标准》的目标和要求，在教学中引入“立足过程，促进发展”的过程性评价手段，关注学生学习过程、学习方法、情感与态度的评价，关注对学生知识和技能的评价，注重培养和激发学生学习的积极性和自信心。在评价中，教师要利用合理的评价手段约束学生的学习表现，合理、恰当地引导、激励学生，发展学生改进和发展学习能力，从而使学生在学习过程中不断体验到进步和成功的快乐。

过程性评价是一种在课程实施过程中对学生的学习进行评价的方式，是教师通过课堂观察、平时记录、阶段测验等手段，在学习过程中进行伴随性的评价。过程性评价除了关注学生的可量化的评价指标以外，还将整个学习过程纳入最终的综合评价结果。过程性评价采取目标与过程并重的价值取向，主张内外结合的、开放的评价方式，主张评价过程与教学过程的交叉和融合、评价主体与客体的互动和整合，能够对学习的动机、效果、过程以及与学习密切相关的非智力因素进行全面的评价。

在小学阶段开展过程性评价要基于小学英语学段的特点，要从课堂表现、作业情况、测验成绩、学习习惯等几个维度设计评价内容，对学生学习过程的态度与方法、兴趣与习惯、课内外学习任务完成情况进行评价。例如，对学生进行多元化的成长记录评价，结合学生日常的学习习惯养成建立《英语学习成长册》，记录学生课堂学习习惯、课后学习习惯、语言实践活动、学期总结等。成长册中的这些内容可以用来帮助学生调控自己在课堂学习、课后作业以及英语实践活动中的学习习惯和策略运用。针对学生课堂学习也可以设计《参与课堂活动评价表》，设置“课堂注意力集中，积极举手发言，参加小组活动，值日生报告，课前故事分享，课文角色表演，课文复述”等评价项目，从而记录、评价学生课堂参与学习的情况。这样，成长手册、评价记录表就不再是成绩记录单，不光记录学生学习过程中生成的阶段性成果，而是成为动态生成性评价体系的组成部分，有利于培养学生注重反思、调整、修正的学习习惯，营造良好的学习氛围。

作业评价是学生学习过程性评价的一个重要组成部分。家庭作业是学生获取、巩固、应用知识的一种手段，是课堂学习的延续，也是师生互动交流的一种方式，更是及时反馈学习情况的一种有效形式。认真、按时完成作业有助于学生养成课外主动学习的习惯，为课堂学习做好知识和态度上的准备。

因此，注重对学生英语学习过程评价，教师要充分发挥“布置作业”这一常规学习任务的作用，加强作业设计，从作业的形式、作业意图、作业内容，作业要求等方面提高作业内容与学习目标的关联度，努力形成相对稳定、与年级适切、主旨明确的作业评价体系。在作业设计中要注意把握以下几个方面。

首先，小学英语学科作业设计要体现英语学科特点，通过多种形式促进学生对英语基础知识与基本技能的掌握，以及在具体情境中运用所学知识解决问题的能力发展。其次，小学英语作业设计还要体现多样性特点。按形式分，小学英语作业一般包括听力作业、口语作业、阅读作业、写作作业、综合性作业等。作业设计的多样性要求作业内容及作业形式多样，以提高学生完成作业的兴趣，实现听说读写多种技能的全面发展。再次，作业设计更要提高实效性。在作业内容与教学内容、作业目标与教学目标、作业重难点与教学重难点、作业水平与学生水平等方面要注意协调一致。最后，小学英语作业还要考虑学生的个体差，进行作业分层设计。要注意对同一内容进行不同的设计，采用不同的作业形式，体现不同的难度层次，使学生能够根据自己的学习水平自由选择。作业设计的层次性体现在设计涵盖不同性质、不同学科能力层次水平作业，例如，记忆性作业通常有抄写、听录音跟读、背诵等；理解性作业有阅读、视听故事等；应用性作业包括仿写、编写、写作等写作练习，以及围绕教材话题制作海报等。

三、注重评价方法的多样性

在小学阶段，英语学习的首要目标是建立对英语学习的兴趣和信心，对学生英语学习的评价设计和实施要服务于这一目标。通过评价方法和手段激发和培养小学生对英语学习的兴趣，使他们能够体验到学习英语是有意思、有意义的事。小学生的年龄特点决定了他们很难对同一种事物长时间保持兴趣，学生的专注力保持时间比较短。这就需要教师丰富评价形式，让学生英语学习充满趣味性，让学生对英语学习保持新鲜感，让学生能从多种多样的评价方式中认识自己的特点，发挥自己的特长，改正自己的不足，从而提升他们的学习效果。

在评价实施的过程中要努力促使评价由单一形式向多样化形式转变。评价既可通过测试又可通过丰富多彩的活动呈现，既要有终结性评价又要有过程性评价，集综合性、操作性、活动性、过程性于一体，让学生在评价中体验到愉悦和成功，激发学生的内在动力。比如，中低年级课堂教学中可以利用赛道、登山、植树、摘星等可视化的图形，组织竞争性活动进行小组评价，既检测和评价学生的学习情况，同时也能对学生观察、动脑、参与活动的学习习惯进行评价。此外，教师的语言评价是一种重要的表现方式，尤其是课堂中即时性的语言评价具有很强的时效性、针对性和激励性。教师科学合理地运用语言评价，包括教师的肢体语言评价，能很好地调动课堂学习氛围，调动学生参与活动的积极性。例如，在学生遇到困难或不能作答时，给学生以鼓励的眼神和微笑；在学生答对问题时，竖起大拇指表示赞扬；学生角色表演后教师与学生击掌，“Give me five”。

英语学习评价可以与语言实践活动充分整合，北京小学在这方面做了有益的实践和探索。他们结合低年级学生爱游戏、爱表演、爱唱歌的特点，组织开展“English Super Carnival”活动，分年级组织多种评价、检测活动。学生组成表演小组，作为观众的学生则利用评价表进行评选；“My love to English speaking”活动以口语表达(自我介绍)、歌谣歌曲表演、看图说话三项内容为检测内容，学生根据教师设计的任务单，在课余时间分别向同学、老师和家长进行英语介绍，并请听众签名，获取评价。在“My English Story Time”活动中，学生自主选择课文或课外读物进行介绍，从而评价和检测用英语讲述小故事的能力。在“Our Creative Story Map”活动中，学生将所学的课本故事采用适合的概念图展现出来，从而评价学习效果和学生的理解能力。

当然，除了评价形式要多样，评价主体多元也是非常重要的。在评价中，学生应作为评价主体参与评价过程，促使日常教学中的评价由单一评价向多元评价转变，可以采用学生自评、生生互评、家长参评、教师综合评定的民主的、开放的多方协商评定方法，从而使学生成为评价的主人，使评价成为学生自我教育、自我激励的动力，成为学生发现和调整自我成长方式的重要途径。

第二节　对学生学业成绩的评价

一、对学业成绩评价的理解

一般而言，学业成绩是指学生在一段时间内学科学习成绩的总和，常以数字或极短的文字来表示。学业成绩是对在校学生学业成就或学习成绩的直接反应，是对其学习结果的评定。学业评价是以课程标准为依据，运用恰当、有效的工具和途径，系统收集学生参与各学科教学活动所获得的身心发展的信息与证据，并对其发展水平进行价值判断的过程。学业评价既包括大规模学业统一考试，也涉及学校教学中所实施的常规考试。学业评价是学科课程建设中至关重要的组成部分，考试则是学业评价中最常用、最基本的组织形式。

目前，学校通常都借助考试和测验对学生学业成绩进行评价。一般来说，考试可分为标准参照考试和常模参照考试。标准参照考试是以某种既定标准作为参照进行解释的考试，这种考试将每位考生的成绩与所选定的标准进行比较，与参加考试的人数以及其他人的成绩无关，目的在于了解被评价者在某一行为标准上的绝对水平，从而判断其是否达到了某项考核所要求的最低标准。常模参照考试的目的在于被测对象的个体差异，一般用于衡量被测对象的相对水平或者用于选拔为目的的大规模测验中。对被测对象在这类测验上所得的分数单独做解释是毫无意义的，必须将它放到被测对象所在的团体中，从而直接或间接地以被测对象在该团体中的相对等级或相对位置来评估其能力水平。

学业评价中的考试目的在于适时了解学生的学习状态，诊断学生在知识、技能、能力等方面的状况或问题，同时，也可用于检验教学设计是否合理，用以及时调整教学策略等。无论大规模的学业考试还是学校的常规考试，虽然内容领域和具体要求不尽相同，但从参照的类型看，这些考试都属于标准参照考试。

二、学业评价内容与标准的确定

课程标准是国家教育质量在特定教育阶段应达到某种程度的具体描述，

是国家管理和课程评价的基础，是教材编写、教学、评价的依据，也是制定各类考试评价标准的依据。小学英语学科推进学业评价的实施，必须根据《课程标准》并围绕学段特点制定相应的学业标准、设定相应的评价内容与方式，以学业要求指导评价设计，实现评价的指标化。

以北京市为例，北京教育科学研究院积极推进学业标准项目《义务教育阶段学业标准与评价》，研发了《义务教育阶段学业标准与评价——小学英语》作为北京地区小学英语学业评价的标准。该标准根据小学生的思维特征与小学英语教学的实际情况，将《课程标准》规定的以学段为单位、宏观的内容标准转化为以年级为单位、从学生学习结果呈现的学业标准，以学生核心素养的培养为总目标，从学生英语学习的行为表现或结果描述学生的语言水平，将学习策略中的部分内容具体化，加入思维品质内容，与语言能力相结合，并列出情感态度、学习策略和文化意识，形成内容标准框架。

学业标准根据英语学科核心素养对语言能力的界定，明确了语言能力是指在社会情境中借助语言以听、说、读、看(viewing)、写等形式理解、表达、交流的能力；学业内容标准设定语言能力包括理解、表达、交往三部分，以语言能力表现的发展作为描述学生学业水平的主要内容，并逐级描述达到不同层级的学生的学习行为或结果；将语言知识(语音、词汇、语法)使用的程度、范围等与语言能力表现相结合，作为描述该水平学生语言程度的高低指标之一。

以六年级表达能力内容与标准部分描述为例，该标准整合了语言知识和语言技能，将学习策略中的部分内容具体化，加入思维品质的内容，并与具体语言能力表现结合，以学生语言表达能力的表现作为描述学业水平的主要依据，同时体现出对不同成就水平学生在内容标准方面掌握的程度要求。清楚、具体的内容标准描述从学生学习结果的角度详细阐述了在学业测试框架下学生能用英语表达什么，表达到什么程度。对于表现标准水平的描述有助于教师和家长了解学生知道什么、能做什么及潜在的不知道什么和不能做什么，也是对教学、测试、反馈进行解释的基础。

表 3-1　北京市小学英语学科学生学业标准表达领域部分内容及标准描述

语言能力及策略	内容描述	标准描述	合格	良好	优秀
2. 表达（说、写）	2.1 能连贯描述图片信息	2.1.1 能根据所提供的图片，用简单的单词、短语进行表达。	√		
		2.1.2 能在词句的提示下，连贯描述图片信息。		√	
		2.1.3 能在词句的提示下，语意比较连贯，内容比较丰富地描述图片信息。			√
	2.2 能在图片的提示下讲述或编演简单的小故事	2.2.1 能在图片的提示下，用简单的单词，短语讲述小故事。	√		
		2.2.2 能在图片的提示下，基本连贯、基本达意地讲述或编演简单的小故事。		√	
		2.2.3 能在图片的提示下，语意连贯、内容丰富地讲述或编演简单的小故事，表达中错误较少，表达流畅。			√
	2.3 能就日常生活话题做简短交流，如个人情况、日常活动、个人兴趣等	2.3.1 能用简单句就日常生活话题做简短叙述或用表格调查。	√		
		2.3.2 能用比较丰富的语言，语意连贯地就日常生活话题做简短叙述或交流。		√	
		2.3.3 能在生活中恰当的场合就生活话题进行连贯叙述或交流，且交流中能清晰地表达自己的观点。			√
	2.4 能用简单的语言叙述自己或他人的经历或计划	2.4.1 能用简单的单语句基本连贯地叙述自己或他人的经历或计划。	√		
		2.4.2 能用比较丰富的语言，语意连贯地叙述自己或他人的经历或计划。		√	
		2.4.3 能在生活中的恰当场合语意连贯地叙述自己或他人的经历或计划。			√
	2.5 能在上述口语活动中使用正确的语音、语调	2.5.1 在上述口头表达中语速慢，语流表达不连贯；有明显的语音问题，但不影响交流。	√		
		2.5.2 在上述口头表达中语速较慢，语流表达较连贯；存在少量的语音问题，但交流较顺畅。		√	
		2.5.3 在上述口头表达中语速适中，语流表达连贯；存在个别语音问题，但交流顺畅。			√

三、指向语言能力的题目命制

终结性评价是在一个学习阶段结束时对学生学习结果的评价，如期末考试、毕业学业考试等。终结性评价主要检测学生综合语言运用能力的发展程度，应采用不同类型的综合性和表现性评价形式，以口试、听力和笔试相结合的方式，综合考查学生的综合运用语言能力。终结性评价要根据教学的阶段性目标确定评价的内容和形式，可以包括口语、听力、阅读、写作和语言知识运用等部分。口试要重点考查学生的口头表达能力和交际策略。听力部分应着重考查学生理解和获取信息的能力，避免单纯辨音题等脱离语境的题型。阅读和写作部分主要考查学生理解真实语言材料和表达真实思想的能力。《课程标准》中明确要求："对语言知识的考查应着重考查学生的知识运用能力，不应孤立地考查知识点或对知识的机械记忆。"

命题框架设计要依据课程标准，体现方向导向。针对小学的终结性评价，《课程标准》明确要求小学的终结性评价应充分考虑小学生的认知特点，要选择恰当的形式和内容，要做到简明、实用。特别是小学高年级的终结性评价，应注重采用与平时教学活动相近的方式进行，合理采用口试、听力和笔试相结合的方式，考查学生基本理解和表达能力，重点考查学生用英语做事情的能力。以六年级学生毕业考试中英语命题为例，北京市学业评价标准规定要遵循科学性原则、多样化、导向性原则，要通过口试、笔试(听力和笔答)等多种形式，考查学生对英语基础知识与基本技能的掌握情况，以及在具体情境中运用所学知识解决问题的能力，保证了学业评价实践正确的导向。

命题题目设计要体现《课程标准》的导向，在题目的情境、形式、测查点上要积极探索，注重基础，能力导向，引导教学关注基础知识和基本技能。编制试题时，要从试题的要求、立意、情境和结构四方面进行设计。即：试题命制计要体现标准，落实目标要求，基于标准命制题目；试题要题材丰富，所选素材要贴近学生、贴近生活、贴近时代要求，注重对学生情感态度价值观的正向引导；试题要突出一贯倡导的语境化、交际化的特点，侧重考查学生在语境中运用基础知识表达意义、理解语言的能力，语言地道、语境真实；试题要兼顾差异，适应学生不同层次的思维水平，知识点处理从单点结构到多点结构，问题情境从简单情境到综合情境。

总之，试题在设计上要把握时代对教育的要求，试题要有利于深化小学英语教学改革，有利于在小学英语教学中全面推进素质教育。这些要求都需要教师能够从学生实际情况出发命制高质量的试题，检测学生的知识掌握程度和语言运用能力，从而起到有效反馈教学的作用，为后续的教学提供参考。

四、命题方式及题型样例

在测试中，不同的题型具有独特的测量功能与特点。要想试题有效实现预期的测查目标，就必须选择恰当的题型。下面结合几个具体的英语语言知识测查题型样例，进行深入的分析和比较。

题型样例一：

适合年级：五年级

评价方式：纸笔测试

内容标准：能认读学过的单词、短语、习惯用语，知道其在较熟悉语境中的含义。

难易程度：易

读单词，根据每组单词的类别，在横线上填写一个同类别的单词。

1. red	black	yellow	________
2. eye	face	leg	________
3. math	English	music	________
4. brother	mother	grandfather	________
5. zoo	hospital	supermarket	________

考查要点：单词的记忆、分类和拼写。

题目分析：试题着眼于考察学生基础知识和基本技能。考查的词汇均为常用名词，要求学生准确掌握词义。本题考查了学生英语词汇学习的积累以及是否具有分类、按话题积累词汇的意识和方法。

题型样例二：

适合年级：五年级

评价方式：纸笔测试

内容标准：能认读学过的单词、短语、习惯用语，知道其在较熟悉语境中的含义，并能在口头、笔头的交流活动中简单运用；能了解学过的语法知识及结构，在常见的语境中做出判断。

难易程度：中等

题目要求：读单词看图，根据图片故事选择单词填空，将其标号填写在横线上。

A. ran	B. water	C. pet	D. saw	E. bridge

Doggy is Bill's (1) ________.
One day, he saw a big bone. He wanted it and took it.

"Stop! Stop!" said Bill. But Doggy didn't stop. He (2) ________ up a hill.

He passed a(3) ______ and stopped!

Doggy saw a dog in the (4) ________. The dog had a big bone, too. Doggy wanted that one.

Doggy jumped into the water. "Oh, no!" said Doggy. "The dog I (5) ________ was me!"

考查要点：在语境中辨析单词及词语搭配。

题目分析：试题采用连环画故事形式，容易激发阅读兴趣，注重对阅读兴趣和阅读习惯养成的引导。同时，在故事语境中综合考查学生对词汇的掌握和运用能力，以及对语篇的理解能力，要求学生在了解语篇的基础上加强语义、语境的理解，具备一定的逻辑思维能力。

题型样例三：

适合年级：六年级

评价方式：纸笔测试

内容标准：能了解学过的语法知识及结构，在常见的语境中做出判断。

难易程度：难

题目要求：看图读短文，根据短文内容选择正确答案，将其标号填写在括号里。

	Peter (1) ________ a student in America. (2) ________ home is not far from school, so he often goes to school by bike in the morning. Peter (3) ________ many friends. He often plays with his friends and (4) ________ homework after school. Sometimes he watches TV and reads books in the evening. He often goes to bed (5) ________ nine o'clock. Peter is happy every day.

(　　)1. A. is　　B. am　　C. are

(　　)2. A. She　　B. He　　C. His

(　　)3. A. have　　B. has　　C. had

(　　)4. A. do　　B. does　　C. doing

(　　)5. A. in　　B. by　　C. at

考查要点：对简单语法规则、词语搭配以及句型结构的初步掌握和理解。

题目分析：本题采用选择填空的方式设计，侧重考查学生在熟悉的语境中运用基础语法知识表达意义的能力。试题中作为题干的语篇源于学生所熟悉的对个人情况的描述，要求学生在读懂语篇的基础上根据内容选择恰当的选项将语句补充完整，设置了学生熟悉的语境，考查基础语法知识以及在语境中的运用能力。

题型样例四：

适合年级：六年级

评价方式：纸笔测试

内容标准：学生能借助图片读懂熟悉话题的短文或小故事，获取特定信息和细节，理解故事或短文大意。

难易程度：中等

题目要求：阅读 Jack 给朋友们写的邀请函，选出正确选项，将其标号填入题前括号内。

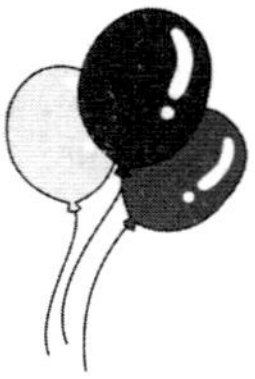

Come to my Birthday Party

Date: 10th January (Tuesday)

Time: 3: 00—5: 00 p. m.

Place: Flat 15B, 15 Yellow Street, Tsim Sha Tsui

Bring a present under $5.

Can you come? Please call me at 6523 6751 or send me an email: Jack2011@126. com

(　　) 1. The invitation is for a ________ party.

A. Christmas　　B. birthday　　C. Halloween

(　　) 2. The party is ________ .

A. in the morning　　B. in the afternoon　　C. in the evening

(　　) 3. The party is at ________ .

A. 15 Green Street　　B. 15 Purple Street　　C. 15 Yellow Street

(　　) 4. You want to go to Jack's party. You can ________ or call him.

A. meet Jack at school

B. send Jack an email

C. write a letter to Jack

(　　) 5. You are going to Jack's party. Which present will you take? ________ .

A.

B.

C.

考查要点：读懂简单的小故事和语篇，并能根据短文内容进行选择或判断。

题目分析：阅读篇章为实用文体，阅读任务的设置涉及具体信息的获取和处理、推断，学生要获取最基础的直接信息，如时间、地点、主要事件，并做出推理判断，试题侧重对学生阅读理解能力的考查。

第三节　案例评析

案例一：SEASONS课程助力学生发展

案例简介

北京小学“四季课程”体系下的SEASON特色英语课程以英语学科核心素养为指导，由SEASONS课堂（国家课程）与SEASONS综合实践课程（校本课程）两大部分构建而成。课程强调将英语学习放在学生一生发展的背景下，以学生的兴趣为出发点，打破课内外的界限，拓展课本与课本外的资源，强调课程内容的丰富性、学习方式的实践性、评价方式的多样性，关注学科知识的拓展与运用，关注英语知识与现实生活的联系。

案例分享

一、课程建构的背景

《教育部关于深化基础教育课程改革进一步推进素质教育的意见》详细阐述了深化课程改革的重要意义，强调课程是支撑学校培养目标的支柱，是学校重要的核心竞争力。2015年7月，北京市教委颁布《北京市实施教育部〈义务教育课程设置实验方案〉的课程计划（修订）》，要求“中小学校各学科平均应有不低于10%的课时用于开展校内外综合实践活动课程。”

北京小学多年来一直在探索创造适合学生发展的教育，提出“坚守基础教育本真”的主张，形成“五养”基础教育实践理论，即慢养、顺养、牧养、素养、调养，明确了以“适性教育”为理念的课程建设思路。首先，要遵循儿童成长规律，依据儿童的年龄特点、身心特点，从儿童的自主发展需要出发；其次，要遵照教育规律，通过学校课程实践的整体优化，引导学生“主动发展、全面发展、个性发展”；再次，教育就是要“发现”和“发展”，发现其潜能，发展其个性。要为学生提供适合的教育，离不开对“学生特点”和“学生发展规律”的深入研究，学校探索适合生命成长、适合儿童生活、适合学生个性发展需要的“四季课程”，以此推进学生富有特色的课程系统建设。

党的十八大报告提出要把“立德树人”作为教育的根本任务，要“培养德智体美全面发展的社会主义建设者和接班人”。这成为学校育人目标的基本方向，也是学校课程一体化方案的核心内容之一。

北京是个四季分明的城市，儿童的成长与发展与所生活的环境密不可分，体现出明显的节律特点。因此，学校将儿童发展、学校培养目标、社会发展和自然特征四方面有机整合在一起，设计了“四季课程”。

在“四季课程”的体系下，北京小学英语团队研发了SEASON特色英语课程。在课程理念层面，以英语学科核心素养为指导，在课程实施层面，形成了SEASONS课堂（国家课程）与SEASONS综合实践课程（校本课程）相结合的模式。课堂是学生学习的场所，是获取知识的主渠道，是生命成长的原野。课堂既要给学生传输知识，又要调动起学生的参与度和积极性，充分展现课堂教学的有效性。基于此，SEASONS课堂从传统的知识教育观走向了促进学生个性健康发展的教育观，课堂文化越来越向“儿童发展本位”回归。SEASONS课堂中的文化是“实与活”的英语课堂文化，就是要“做实学段”“务实课堂”“落实主体”，教学要目中有“人”，以学定教，顺学而导，使教学充满生命的活力，让学生获得实质性发展。

SEASONS综合实践课程的设计及实施基于学科核心素养，将英语学习放在学生一生发展的背景下，以学生的兴趣为出发点，强调课程内容的丰富性、学习方式的实践性、评价方式的多样性，关注学科知识的拓展与运用，关注英语知识与现实生活的联系。SEASONS特色英语课程打破课内外的界限，拓展课本内外资源，从空间、资源等多个维度对原有课程内容进行了整合和拓展，让英语教育教学更加贴近儿童，让每个儿童能够有实际获得。

二、课程体系的设计

（一）课程目标

北京小学英语学科以“实与活”的课程建设思想来开发和深化SEASONS特色英语课程体系。就英语学科而言，所谓“实”，实在夯实英语基础知识，实在务实英语课堂教学，实在落实学生个性发展；所谓英语学科的“活”，活在创新实践活动，活在开发课程资源，活在课堂教学方式的转变。

在SEASONS特色英语课程目标设计过程中，我们始终认为“学生”是课程的出发点，同时也是落脚点。课程实施中，以学生群体为核心，在群体中关注个体发展，同时激励、引导个体在群体中的积极作用。基于此，英语学科以学生学习富有情感的英语、基于国际理解的英语为课程目标，注重学生英语实际语言运用能力及学科思维能力的培养，尊重学科本质，培养具有中华底蕴、国际视野的学生群体。课程体系与各学段目标如图 3-1、表 3-2 所示。

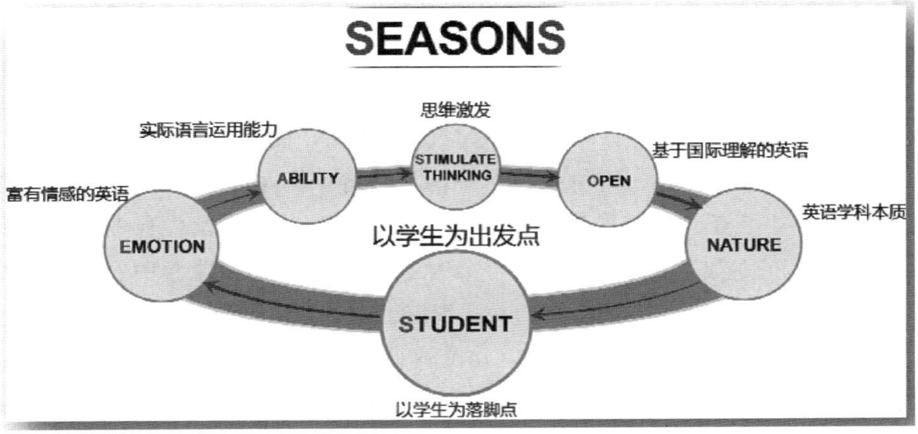

图 3-1　SEASONS 课程体系示意图

表 3-2　SEASONS 课程各学段目标

特色英语课程学段目标	
低年级	具有较浓厚的学习兴趣和热爱学习的情感，养成良好的倾听、表达、参与等习惯，以说好、写好一句或几句话为主线，在生活、学习和活动中，以获取知识和技能为基础，在学习、理解、初步运用学科元素的过程中，能完整、通顺地表述所见所闻、情感体验、思维过程和学习成果等。
中年级	形成积极主动的自我学习愿望，以说好、写好一段或几段话为主线，在生活、学习和活动中，以获取知识和技能为基础，在学习、掌握、运用学科元素的过程中，能通顺、具体地表述所见所闻、情感体验、思维过程和学习成果等。
高年级	形成积极主动的自我学习追求，以连段成篇为主线，在生活、学习和活动中，以获取知识和技能为基础，在学习、掌握、运用学科元素的过程中，能围绕一个主题，多角度、多层次、清楚明白地表述所见所闻、思维过程、学科成果和情感体验等。

（二）课程内容

北京小学 SEASONS 特色英语课程注重能力培养，凸显学科核心能力，设计贴近学生生活实际的学习方式，提升学生的实际语言运用能力，激发学生思维。在国家课程（SEASONS 课堂）和校本课程（SEASONS 综合实践课程）

中，广泛开展讲故事、演讲、课本剧、歌曲演唱等能够提升学生语言运用能力的活动，聘请欧美教师丰富、提升国家课程教学的内容和效果。

课程设计强调学习任务的真实性和开放性，分为必修性和选择性两类。在必修性课程中，通过设计丰富的英语学科实践活动，为学生搭建运用语言的多维平台，关注英语学科本质；例如，课程中以有中国传统文化为主题设计的英语墙板块，介绍、弘扬中国优秀传统文化，涵盖二十四节气、武术、传统美食、节日、唐诗、天桥杂技、中国风俗等，为学生提供富有中国元素特色的英语学习资源，促进学生习得用英语介绍、交流中国经典的能力；课程中还利用经过挑选、整理的线上儿童原版阅读资料，在课堂中、兴趣小组里广泛开展阅读活动，丰富输入、开阔视野。

选择性课程中设置国际友好校互访交流课程，培养学生基于国际理解的跨文化交际能力；设置英语戏剧社为对英语学习有深厚兴趣、更高要求的学生提供语用平台；设置英语校园小导游课程，学生学习如何用英语向外国友人介绍学校及中国文化。以上课程的设计都着眼于学生综合语言运用能力的培养。

表 3-3　SEASONS 特色英语课程内容

国家课程 SEASONS 课堂	校本课程 SEASONS 综合实践课程	
新标准、北师大、京版教材—英语教学（1至6年级） 国家教材—外教教学（3至6年级）	必修性	选择性
	英语学科实践活动 （1至6年级）	国际友好校互访课程 （4至5年级）
	中国传统文化英语墙 （1至6年级）	英语戏剧社 （4至6年级）
	英语原版故事阅读 （1至6年级）	英语校园小导游 （3至6年级）

三、课程实施的思路与策略

北京小学 SEASONS 特色英语课程的提出和实施，源于对学校办学理念、教育价值观、课程改革路径的整体思考，是对学校英语学科整体课程体系的概括，包括对国家课程的认识与实施、地方课程的认识与实施、校本课程的认识与实施、课堂文化的认识与创建等多方面的内容。我们之所以将其命名为“SEASONS”特色英语课程，意在凸显课程资源开发的新范畴、课程构建的新思路和课程实施的新特色。

（一）明确课程建设思想，强调务实性和生成性

SEASONS 特色英语课程建立在北京小学“实与活”的课程理念基础之上，在课程实施的过程中，特别注重其务实性和生成性。

所谓“实”，是指课程建设体现务实的态度，使学生在不同的发展阶段学有所得、学有所长，获得实质性的发展。如课程目标表 3-1 中所示，课程针对不同年段学生的年龄特点、学习需求和认知能力等因素，提出适合他们各自的英语学习目标。例如在低年级段，重点是对英语学习兴趣的培养和学习习惯的养成；对于中年级段学生，开始关注发展学生的语言能力；而到了高年级段，就更加注重学生的思维发展。因此，无论在哪个阶段，学生都可以得到最实在、最实际的发展。

生成性体现在课程建设要目中有“人”，课程要充满生命的活力，要在生成中使学生的发展具有科学性。通过课程体系图 3-1 可以看出，在发展学生语言运用能力的同时，学校也尊重英语学科的本质——人文性与工具性的有机结合，注重学科素养的培养，关注学生作为一个生命体的情感体验、思维激发、文化素养、沟通能力等多方面的能力提升，从而促进学生的生长和成长，达到全人的发展。

（二）聚焦课程开发定位，彰显“三性”特色

北京小学 SEASONS 特色英语课程尊重小学生成长的规律，呈现了鲜明的学科特色，彰显了生命成长的意识。把生命的生长、语言学习的发展和社会的成长有机融合在一起，使得课程更具有生本性、整体性和创新性的特点。

1. 生本性。SEASONS 特色英语课程内容的设计体现着教育者对儿童生命成长规律的尊重，从儿童发展的需求与特点出发，关注学生思维能力的激发。校本课程是学校根据自身特点以及学生的特点进行自主开发的，能够有效地促进学生个性发展。学生不同的性格特点、家庭环境、生活经历、背景知识及认知特点决定他们在兴趣、学习方式等方面各不相同。SEASONS 特色英语课程的开发就是在尊重学生差异化的基础上，满足学生个性、兴趣和学习发展的需要，从而达到课程的目标。在综合实践课程体系中，不仅有面向全体学生的必修课程内容，还面对不同的年段，设计了适合他们的选择性课程内容，旨在让学生能够结合自身的特点和需要，选择适合自己的英语学习课程，充分激

发思维。比如善于表达情感、肢体语言丰富、对戏剧表演有兴趣的4～6年级学生，可以参加“英语戏剧社”的选修课程；善于交流、乐于助人，熟悉校园环境的中、高年级学生，可以自主选择“英语校园小导游”的选修课程。这种开放式的、让学生自主选择的课程体系设置充分体现了生本性特点，从而对学生英语的学习起到根本性的促进作用，也体现了课程为教育服务的目标。

2. 整体性。一个学校自身的教育理念和学校具体而实际的实践情境，决定了英语校本课程体系的宏观目标取向。英语校本课程教学具体的目标和结构主要由课程资源的系统性体现，包括知识技能的系统性和教材系列的系统性等。知识技能的系统性是指课程资源应尽可能多地涵盖英语知识，这些知识包括语言知识、学习策略、情感策略、文化策略等。这些知识具体落实到课程实施中每一阶段的要求当中，有利于促进学生的认知、情感和行为等方面充分而有特色的发展。例如我校开展的英语学科实践活动，就是让每个年段的学生围绕各年段的英语语言知识与技能参与不同形式的实践活动，通过参加这些实践活动，能够促进学生的思维品质、文化品格、认知能力等多维度的发展。对刚入校的一年级学生来说，通过英文歌曲表演的形式，可以巩固语言知识的学习，激发英语学习兴趣，促进活动中同伴间的交流、合作意识，从而增强班级的凝聚力；六年级的学生，面临毕业，即将离开母校的他们会是怎样的心情呢？开展“Full of thanks——感谢有你”的英语实践活动，可以让学生在进行语言表达的同时心怀感恩，促进情感的发展。因此，SEASONS特色英语课程体系的建构，让儿童每阶段的课程学习都与英语语言学习的学科特色相结合，具有整体性的特点。

3. 创新性。每一个课程的开发都要强调创新性，有利于构建研究型的综合实践活动体系。只有在凸显创新性的体系中，学生的创新精神和实践能力才会得到培养。SEASONS特色英语课程体系在课程组织形式、课程资源开发方面都具有较强的创新性特点。在研发过程中，SEASONS特色英语课程强调学科综合推动课程内容创新，在实施过程中，以学校资源整合优化实施路径，构建、设置了有特色的多样化校本课程内容。例如必修课程中的“中国传统文化英语墙”就是在具体的英语课程开发中，融合了老北京的文化、小吃、风俗、中国传统节日、二十四节气等知识，把中华传统文化的学习和语言教学结合在一起，进行有效的文化渗透，将知识、技能与价值观的学习与培养统一起来，从而提升学生的综合素质，形成更深入的认知与体验。

（三）把握课程发展过程，实现适切性和动态性

英语校本课程的开发和实施是一项长期与系统的工作，必须按照科学规律开发并监控和调整对课程的实施过程。在SEASONS特色英语课程体系的开发中，每一个子课程从课程目标的制定、课程内容的设计、到课程资源的开发都要进行充分的调研，从而结合目标年段、目标年级甚至是目标班级学生的实际和课程内容，而课程的实施方式也要随着学生的发展、教师的发展、学校的发展以及社会的发展不断进行更新和调整，要符合学生自身身心发展的规律，以实现课程对学生"合身""合适"。例如课程体系中的英语原版故事阅读必修课程，教师在课程实施前，对课程中用到的学习软件和内容进行充分的了解和研究，结合社会环境、目标年段、学生的特点，制订适合学生学习的阅读计划；在课程实施中，关注学生的学习状态和效果，根据实际发生情况，进行研讨、思考和调整，找到适合学生的课程实施方案，从而提高学习的实效性，促进学生的发展。

英语校本课程开发与实施的过程还是一个开发与研究相结合的过程，在这个过程中，课程本身得到不断的提升和改进，体现了动态的发展过程。例如，SEASONS特色英语课程体系中的国际友好校互访课程，就是一个在过程中不断改进的课程。在与不同的友好校进行交流的过程中，会发现一些学生在沟通、交往或是处理问题等方面存在有待提升的地方，这促使教师及时思考，采取相应的策略，改进和完善内容，让学生从中受益。就这样，通过问题的发现和探索，不断地提出课程创新的一些具体而有效的方案，推动课程在动态的实践过程中不断完善，达到课程的目标。

（四）关注课程学习成果，追求多元性和实效性

关注课程学习的成果，就是要及时有效地指导和评价学生课程学习的全过程，进行课程总结。评价包括对校本课程本身的评价和校本课程实施过程中对学生的评价两个方面。校本课程评价是一种内部评价，通过科学的校本课程评价，可以实现校本课程开发的价值追求。对课程本身的评价按照校本课程的特点选择与之适应的多种评价模式，比如在"英语学科实践活动"课程结束后，以展板的形式向全校学生呈现课程学习的成果；"国际友好校互访课程"则不仅进行展板展示，还会通过视频短片的形式向全校师生进行汇报，并

听取家长对课程的反馈和感受，这些方式既体现了课程评价的连续诊断性又体现了课程评价的多主体广泛参与。

其次，要做好对学生参与课程学习的学业评价。SEASONS 特色英语课程在实施的过程中重视学生学习过程中的自我发现和自我改进，鼓励学生充分发挥自己的个性才能，积极进取，克服学习中的困难。与学习成果评价相比，在评价中更加重视学生学习的过程，突出过程的重要性，因为对学生而言，最有价值的知识不是那些现成的事实，而是学生自身的体验，是那些能帮助学生思考与探索的东西。因此，在 SEASONS 特色英语课程中，教师尝试使用“表现性评价”的方式，通过关注学生在课程学习中的行动、表演、展示等真实的表现来客观地评价学生的口头表达能力、文字表达能力、思维能力、创造能力、实践能力，从而更好地落实课程的实效。

四、课程评价与效果分析

北京小学教学评价从“实与活”两个维度进行设计，“实”即做实学段、务实课堂、落实主体，“活”即用活资源、激活方法、盘活评价。

表 3-4　北京小学教学评价表

实	做实学段	正确理解教材，教学目标定位符合学段要求，突出学科与学段重点。
		教学过程注意把握程度，处理好与其他学段的关系。
	务实课堂	内容突出本课重点，教学环节清晰、合理、有实效，落实减负。
		过程设计符合学生实际水平，有助于促进学生主动思考。
		注重学科能力的全面培养，学习力得到发展，效果明显。
	落实主体	学习生动活泼，自主自信，课堂气氛融洽。
		关注不同层面学生及个性化需求，注重学生思维发展的过程。
活	用活资源	合理使用教材资源，能够结合教学目标和学情进行资源开发。
		所选择的资源科学、恰当，能够促进学生更有效地学习。
	激活方法	教学方法有利于激发学生的学习兴趣，调动学生主动参与，积极表达。
		教学过程具有生成性和开放性，恰当处理预设与生成。
		教学方式有助于激发学生质疑问难，注重培养学生的创新精神和实践能力。
	盘活评价	以及时、合理的课堂评价促进学生积极参与学习，并养成良好的学习习惯。
		评价具有激励性、导向性、针对性和启发性，促进学生全面发展。

(一)课程评价设计

依据“SEASONS”特色英语课程的建构模式及学校“实与活”评价方案，本着“以学生为出发点和落脚点”的课程理念，基于课程内容和《课程标准》的要求设计相应的评价方案，具体内容如表 3-5 所示。

表 3-5 “SEASONS”特色英语课程评价方案

评价形式 / 评价内容	形成性评价	终结性评价
国家课程（SEASONS 课堂）	基础性日常评价	活动式期末测评（1～5 年级） 采用区质量监控测试卷（4～6 年级）
校本课程（SEASONS 综合实践课程）	过程性活动评价	

1. 基于 SEASONS 课堂(国家课程)的评价设计

基础性日常评价(形成性评价)：在日常教学中，英语教师使用常规性综合评价表对学生日常英语学习中的不同方面进行记录和评价。

表 3-6 基础性日常评价(形成性评价)

低年级	评价表 My English Learning Record！以 think、write、share、learning plan 四项记录学生：课堂参与、书写练习、朗读背诵等不同方面的情况。
中年级	以 Shining star，Best me 为主题的评价表，按单元划分，每一单元按照发言、表演、书写和良好习惯对学生的课上、课下表现，进行全方位的监控与评价，教师在每单元结束时进行总结。
高年级	采用个性化评价表方式，综合记录学生英语学习情况。与中低年级不同的是，学生需先为自己设定各方面的目标，并对每个单元的目标达成情况进行自我评价。

《北京小学英语学本——英语世界》(形成性评价)：这是依据国家课程英语教材的内容和本校学生的学情，由英语组教师合作编写的一套校本英语练习材料，用于评价学生各单元的学习情况。其内容涉及听说读写各方面，精练高效、内容综合、形式多样，在测查学生学习情况的同时，也激发和保持学生学习的热情。书中还设有 Creative Thinking，Personal Space 等个性化板

块鼓励学生质疑和自我展示，渗透对学生思维能力、学习能力的培养。

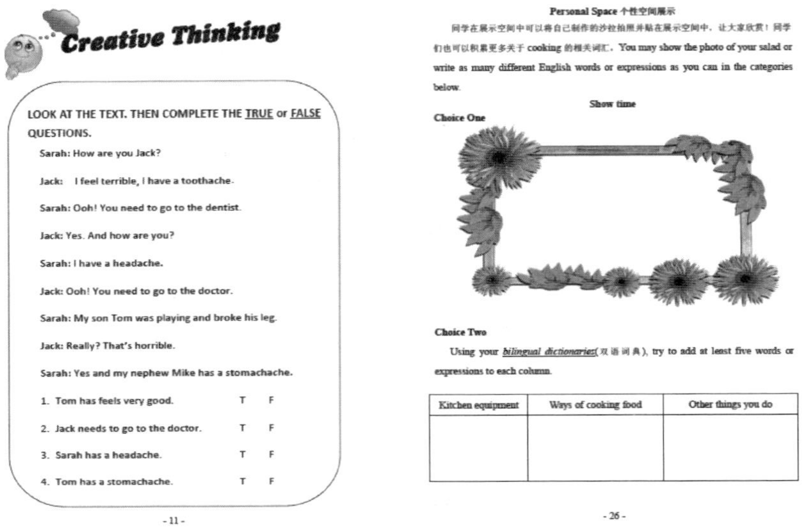

Creative Thinking

LOOK AT THE TEXT. THEN COMPLETE THE TRUE or FALSE QUESTIONS.

Sarah: How are you Jack?

Jack: I feel terrible, I have a toothache.

Sarah: Ooh! You need to go to the dentist.

Jack: Yes. And how are you?

Sarah: I have a headache.

Jack: Ooh! You need to go to the doctor.

Sarah: My son Tom was playing and broke his leg.

Jack: Really? That's horrible.

Sarah: Yes and my nephew Mike has a stomachache.

1. Tom has feels very good. T F

2. Jack needs to go to the doctor. T F

3. Sarah has a headache. T F

4. Tom has a stomachache. T F

- 11 -

Personal Space 个性空间展示

同学在展示空间中可以将自己制作的沙拉拍照并贴在展示空间中，让大家欣赏！同学们也可以积累更多关于 cooking 的相关词汇。You may show the photo of your salad or write as many different English words or expressions as you can in the categories below.

Show time

Choice One

Choice Two

Using your *bilingual dictionaries*(双语词典), try to add at least five words or expressions to each column.

Kitchen equipment	Ways of cooking food	Other things you do

- 26 -

图 3-2　校本英语练习材料内容页面

活动式期末测评(终结性评价)：近几年在期末终结性评价中，我们尝试将一、二年级的纸笔测试改革为学科实践活动形式的“乐考”。“乐考”更强调以多样化的活动，让学生在宽松愉悦的气氛中展示自己的学习成果。对处于过渡年级的三年级，学期终结性的评价设计为延续低年级活动的形式，加强对学生听、说、读、写四项能力的分项测查。四、五年级则采取第一学期进行活动式测查，第二学期采用区级质量监控卷的形式进行期末测评。下面以一至五级第一学期活动式终结性评价具体说明评价的内容设计和实施情况。

(1)在一年级我们力求通过期末评价活动，提高学生学习英语的兴趣，提高听说及口语交流能力。测评活动采用游园会的形式，分两个活动由全年级学生在统一的时间内参与。活动 1 “Magic Box”，其目的在于了解学生对所学单词的掌握情况。学生正确朗读抽到卡片上的单词，获得通关印章。活动 2 有两个环节。“Hello，friends”通过问答练习，展示学生对日常用语的掌握情况。学生运用所学语言与助教家长交流，获得通关印章。“We are stars”是对语音学习的检测和对学生综合素养的展示。需要学生前期小组合作排演歌谣歌曲，活动中分组进行展示，做到声音洪亮、歌词准确、表演大方即可过关。

（2）二年级英语期末评价活动的主题为“English Super Star”。活动的设计思路采用情境下的语言综合运用活动，重点考察学生的情境交际能力。结合教材内容，教师将活动场地布置为五个不同情境。在活动中，学生依次参与不同情境下的活动，或与教师扮演的角色进行对话交流，或完成电影院找座位的任务，或根据图片进行简单描述。参与评价教师依据评价量规给学生签名，签名的数量为最终的评价结果。

（3）针对三年级学生英语能力要求的变化，开展“Big Pinwheel，Spin，Spin，Spin”评价实践活动，活动由听、说、读、写四部分组成，在英语课上随堂进行。听和读的部分，学生完成相应听力和阅读练习的题目；说的部分，学生依据所学内容做自我介绍，与同学合作进行课本剧表演；写的部分，学生根据教师所给的写作框架，进行简单的英语仿写。学生完成每一部分的测评获得相应的风车，作为评价结果。

（4）四年级的期末测评活动着重测查学生语言综合能力，由三个部分组成。第一部分口语表达和口头交际，学生进行口语表达，与教师进行简单问答交流；第二部分功能话题，学生完成补全对话和看图，给小故事填写所缺单词；第三部分阅读写作，包括学生短文阅读圈画关键信息，根据范文仿写共两个任务。各项活动由教师根据评价量规做出评定。

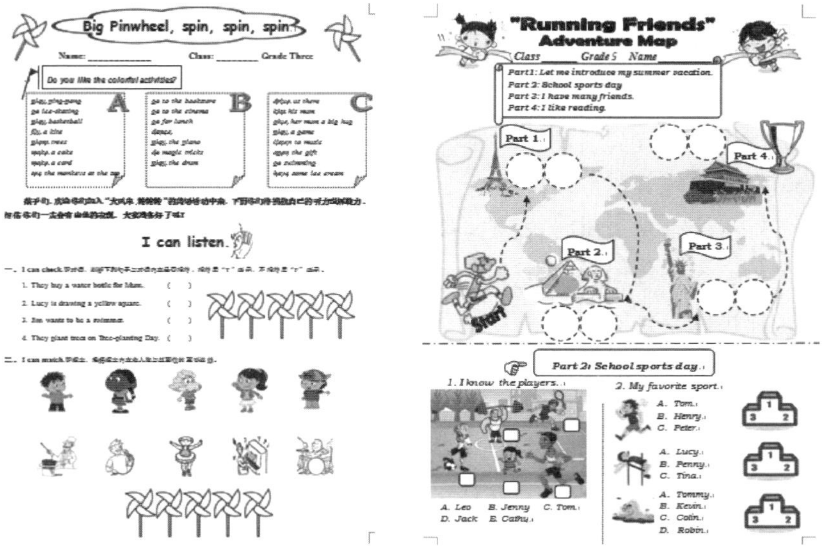

图 3-3　三年级、五年级期末测评活动示例

(5)五年级以“Running friends”为主题，每位学生持有一份通关路线图，每通过一关即可获得相应的奖励，直到成功到达终点。其中每一关都是期末听说读写以及交际各项能力的活动项目：口头表达能力——听我介绍暑期生活；听力理解能力——学校运动会；阅读理解能力——我爱阅读；交际和书面表达能力——我的朋友多。值得一提的是，听力部分的录音由本年级的英语学习免考生录制，在测评的同时更为有英语学习特长的学生提供了展示的平台。

2. 基于SEASONS课程(校本课程)的评价设计

SEASONS综合实践课程突出任务式的学习形式，在真实的语用环境中培养学生的综合语言运用能力。这一课程的评价设计遵循激励性、过程性和发展性原则，以调动学生参与热情为目的，采用学生小组汇报、个人展示等评价形式，实施教师、学生、家长共同参与的多主体评价。以必修性校本课程中一次主题为English Drama Show的英语实践活动为例，学生要在小组内对合作排练过程中的不同方面表现进行自评和互评，请家长对在家中练习的情况进行评价，在班级展示中由教师和学生组成的评委团给进行展示的小组做出评价，并选出每个班最佳的小组进行年级巡演。

再以学校独具特色的英语校园小导游的课程评价为例，这一课程评价分为三部分：首先，小导游选拔方式依据每次培训出勤情况，并结合培训中的表现作为综合评价，颁发培训喜报；其次，为入选学生颁发小导游聘书、资格证并指导填写个人发展规划书；最后，给参与校园小导游选拔落选，但表现较好的学生颁发优异奖状。

(二)课程实施效果分析

SEASONS综合实践课程的评价融评价于活动过程中，记录学生学习中的点滴进步，搭设学习成果的展示平台，帮助学生保持英语学习的兴趣，建立自信，促进学生综合素养的提升。在“实与活”教学理念浸润的SEASONS课堂中，教师在认真研读教材、创新使用教材的基础上，设计内容贴近学生生活实际、形式多样有趣、注重实效的教学活动。学生在课堂中，通过戏剧表演、绘制故事思维导图、“故事大王”评选等活动，理解故事、领悟语言、展示故事学习成果，在丰富逼真的情境中交流、完成任务，培养语言综合运用能力，提升思维品质，强化学习能力。

课堂之外蕴藏着更丰富的教学资源。SEASONS 综合实践课程充分开发和利用课外学习资源，从学生的情趣点和实际需求出发，为学生开发了更多语言实践的机会，弥补课堂教学的不足与缺憾。这一课程面向全体学生，使每个学生都有机会打破教室、校园的界限，在更广阔、更深厚、更生动的空间中感知、习得语言。在这样的学习中学生不仅是学习者，更是文化的传播者，为成为一个全面发展的人奠定了基础。

此外，多样化、人文化、个性化的课程评价方案也助力于学生学习能力的发展和良好品格的形成。其中，日常性基础评价表的实施使教师、学生和家长能够清晰地看到学生在英语学习中的长项和短板，帮助学生及时发现和弥补不足，实现自身的纵向发展。活动式期末测评形式让学生在参与活动、完成任务的过程中体验相对真实的语言交际，锻炼小组合作、交往能力，促进学生语言综合运用能力发展。

案例点评

北京小学英语教师团队研发与实施的 SEASONS 特色英语课程，经历了扎实的实践研究历程，目前已经显现出良好的教学效果，它呈现出如下特点，值得思考与借鉴。

一、课程建构顺应国家课程改革的需要

当前国家教育改革的关注点之一在于密切学生学习与生活实际的联系，培养他们能够适应终身发展和社会发展所需要的必备品格和关键能力，同时提升教育教学的质量。北京小学英语团队一方面通过国家课程的校本化实施夯实学生的语言基础，另一方面充分利用学科实践活动课时的调整积极开发整合性课程，促进学生用中学、学中用。

二、课程设计立足学校特色办学的理念

学校办学理念的落实需要各门类课程的支撑，反而言之，学科课程的开发与实践也需紧密契合学校课程体系的顶层设计。北京小学的课程体系名为“四季课程”，英语特色课程则以 SEASONS 命名，这不是简单的词语应和，而是将学校的办学主张、育人目标充分地融合在一起，每一个字母都有其特定的含义，切合学科特点，成为学校课程体系中不可或缺的重要支柱。

三、课程目标彰显学科育人的突出优势

在课程目标的制定上，SEASONS 特色英语课程以学情分析为出发点，以促进学生语言学习能力的发展为落脚点，在语言情境中调动学生主动交流的愿望，强化文化传播、国际理解的意识，在培养学生基础知识和基本技能的过程中，引导学生具备独立思考、学会学习和语言表达的素养。学段目标的制订紧扣语言能力、文化品格、思维品质以及学习能力等学科核心素养整合性培养的要求。

四、课程实施体现以生为本的适切要求

尊重学生身心发展规律，满足学生个性差异需求的课程最终才能成为引发学生学习兴趣、促进学生成长的有效课程。SEASONS课程研发团队对此有充分的认识。在校本课程的开发中，必修课程分年级设定适合学生水平的教学活动，学习方式丰富多样。选修课程则允许学生根据自己的兴趣、特长、学习能力自主选择学习内容。同时，研发团队也关注到了动态生成对于课程有效实施的重要价值，在实践活动中密切关注学生的学习状态和实际需要，及时反思论证调整，使课程的实施更切合学生的实际水平，让学生有更强的实际获得感。

五、课程评价达成学生乐学乐考的目标

SEASONS特色英语课程全方位的课程评价体系是该课程开发与实践的一大亮点。国家课程校本化实施的课堂教学评价源于该校“实与活”的学科教学评价体系，结合学科特点分年段在基础性日常评价和过程性活动评价两个方面做了创新性的尝试，使之更具有操作性和适应性，助力学生主动学习，打牢基础，形成习惯。终结性评价内容的设计更加突出语言学习的实用价值，在情境中调动学生已有的知识能力，呈现听说读写的综合水平。综合实践活动课程的评价则采用表现性评价的方式，在任务完成、成果展示的过程中将学习与评价的过程整合在一起，评价的主体同时也是帮助学生学习发展的主体，使得学生不以学习为负担，不以考试为压力，增强了自主性、自信心。

任何课程的开发与实践都是不断再认识，再调整，再丰富的过程，希望北京小学英语教师团队进一步深化对SEASONS特色英语课程的研究，对照课程体系整体架构的条目梳理细化学段目标，并将校本英语学科综合实践活动的具体内容整理出操作性较强的课程纲要以便于更多的学校参考借鉴。

撰稿人：陈立力　陈立　夏冬梅　安然　宋紫燕　钱一

点评专家：刘新杰　于萍

案例二：Ks English 促学生更友善

案例简介

位于北京市房山区的北京小学长阳分校于 2013 年建校，一直秉承友善教育理念不断创新发展。英语学科教研团队从评价研究入手，在不断探索和教学实践创新中，逐渐构建了 Ks English 特色课程，促进儿童友善发展的学科课程发展之路。Ks English 课程设计以五个以 K 开头的英文单词 Kids、Kind、Knowledge、Key 和 Keep 诠释其基本理念，由基础课程、拓展课程、实践课程三部分构成。

案例分享

一、课程构建背景

北京小学长阳分校目前有怡和、祥云两个校区，共有 40 多个教学班，学生人数将近 2000 人。从建校开始，就明确提出要实施基于友好和善待的教育“友善教育”。通过几年的发展和实践，友善教育伴随着学校的成长逐渐变得清晰和完善，成为师生共同遵循的教育价值和行为准则，学校也因此成为一个有文化、有温度、能陶冶心性的场所。为了使学校的友善教育理念时时、处处有效落位，打造出适合学生成长和发展的绿色育人环境，学校展开了不同学科的基于国家《课程标准》课程体系构建的研究和实践。

2016 年 9 月，中国学生发展核心素养研究成果发布。该素养以科学性、时代性和民族性为基本原则，以培养“全面发展的人”为核心，分为文化基础、自主发展、社会参与三个方面。综合表现为学会学习、健康生活、责任担当、实践创新、人文底蕴、科学精神六大素养，具体细化为国家认同等 18 个基本要点。核心素养是在新的历史时期，高屋建瓴落实立德树人战略目标的重要途径，是以人为本的时代特征对教育本质认识的催化。它的提出为我们的英语课程真正走向以学生为中心的教育，确立回归教育本源的学校教育教学实践，提供了引领性支撑。

有了先进理念的指引，更要具备有能够精准把握理念、践行理念的教师团队。目前学校英语团队共有 9 名教师，其中 6 名具有研究生学历，3 名具有本科学历。教师们专业基础知识扎实，专业领域各有所长，学习理解和创新能力极高，对于构建英语特色课程积极而有热情，这些都是学校课程建设的有力保障。

在思考核心素养如何落位于学科教学、促进学生发展的研讨中，英语组教师遵循学校教育理念推行友善的英语教学，首先研制了适合英语教学的友善评价工具“小博士金字塔”，促进和提升学习积极性和持续学习的能力。随后，研发了校本阅读课程，发展学生的阅读和思维能力。在逐渐深入和广泛的实践中，我校开始了对国家课程校本化的研究。经过认真的分析论证，学校英语教研组提出了“构建 Ks English 特色课程体系，完善儿童友善人生”的课程建设方案。

Ks English 课程设计的基本理念体现在课程名称当中。Ks 代表 Kids、Kind、Knowledge、Key 和 Keep 五个意义：Kids——Children learning English 是指儿童英语学习，这就明确了设计课程时必须要树立儿童观，坚守儿童立场，打造适合儿童发展的英语课程；Kind——Kind to classmates，to family，to all people，指英语学科教育中要培养学生的友善品格，使学生懂得与人友好交往，是对学生友善教育的学科化解读；Knowledge——Knowledge serves for delight and for ability，是指通过常规英语课，让学生从知识和能力的层面学有所得；Key——English is the key to open minds and to know the world，是侧重于学生学习策略和方法的获得，其根本目的是“授人予渔”；Keep——Just keep，be wise and witty，是指在学习过程中，要不断鼓励学生培养持之以恒的品质，同时也是对英语教师团队为实现目标保持、促进教师专业发展的激励。总之，该课程的设计与实施旨在落实友善教育理念，培养学生未来生活中的必备品格和关键能力的全人教育。

综合上述分析，为深入推进素质教育，全面贯彻落实《课程标准》的理念和要求，深化英语教学改革，进一步提升学生学科能力的培养，不断提高英语教学水平，以一切从实际出发的原则，学校研发了 Ks English 英语特色课程。

二、课程建设目标

总目标：通过研究英语学科核心素养及能力培养目标、结合实际情况分析，构建具有我校友善教育理念，落位于师生发展的 Ks English 课程体系，提高教师的育人理念和促进学生的全人发展。

具体目标：

1. 通过夯实基础课程、开发校本课程和实践课程，形成符合学生必备品格和关键生活能力发展的 Ks English 课程结构和内容，使学生获得英语学科知识(Knowledge)和英语运用能力(Key)。

2. 通过研发 Ks English 课程评价，形成有利于课程实施并能激发学生持久学习力的评价体系，逐渐塑造学生品格(Keep)；通过开发和利用生活中环境、设备、设施、人力等多种资源，形成拓展英语学用渠道的有效方法，培养学生的交际意识和能力，开拓视野，提升作为世界公民的基本素养(Kind)。

3. 通过特色英语课程的实施，使学生具有积极主动的英语学习态度，具备持续学习的技能和方法，使英语成为解决问题、构建美好生活的工具。

三、课程设计

(一)课程结构与课程设置

图 3-4　Ks English 特色英语课程结构

表 3-7　Ks English 特色英语课程设置

课程结构	课程目标	课程设置	具体内容
基础课程	学生能够获得基本的英语听说读看写技能，形成初步的综合语言运用能力。	北京版教材会话教学	语音学习、词汇学习、对话学习等
		北京版教材功能句型和词汇教学	词汇、功能句、对话、段落与篇章等
		北京版教材活动任务教学	调查、游戏、模拟生活任务

续表

课程结构	课程目标	课程设置	具体内容
拓展课程	通过学科拓展课程的补充、置换基础课程的相关内容，丰富学生的学习资源，培养学生的思维能力，提升品格。	大猫英语分级绘本阅读	故事类绘本阅读 科普类绘本阅读
		新维度英语	更贴近学生生活的对话 落实品质培养的话题活动
实践课程	通过实践课程，学生能够把语言运用到生活中，运用语言解决生活中的问题，提高生活能力和跨文化交际的意识和能力。	学科内主题实践	运动、饮食、就医、购物、旅行等实践活动
		跨学科主题实践	英语与品社、英语与科学、英语与心理健康等科目的融合学习
		英语社会实践	生活课堂，国际游学

(二)课程实施安排

学校实行长短课时制，每天 8 节课，前 3 节课 35 分钟，后 5 节课 30 分钟。这样每天多出两课时，用以开设学生成长需要的校本课程或实践课程。课程安排如表 3-8 所示。

表 3-8　Ks English 特色英语课程安排

年级 \ 课程	基础课程（英语）	拓展课程（绘本阅读）	实践课程（戏剧，国际游学）	
一年级	2 课时/周	1 课时/周	1 课时/周	
二年级	2 课时/周	1 课时/周	1 课时/周	
三年级	3 课时/周	1 课时/周	1 课时/周	
四年级	3 课时/周	1 课时/周	1 课时/周	
五年级	3 课时/周	1 课时/周	1 课时/周	
六年级	3 课时/周	1 课时/周		80 课时/学年

四、课程实施

(一)基础课程系统化

教学改革不断深入推进使教师认识到，英语课程不仅是教会学生问路、点餐和购物，满足外在目标的“生存”内容，更应当涵盖学生全面发展所必备的品格和关键能力的培养，包括对多层次思维能力、优良品格、文化修养和解决问题能力的培养。学校把基础课程进行系统化梳理，横向按年级进行整体目录编辑、制定各年级基础课程纲要，纵向将一至六年级教材内容按照语音、词汇、语块、句式、话题等进行语言知识梳理。横向、纵向梳理使教师能够整体把握基础课程教材，为整体构建英语课程，针对学生发展需要将基础课程进行校本化实施，“缝合”或“置换”教材内容，落实英语学科的工具性和人文性提供了基础保障。

（二）拓展课程特色化

1. 内容有特色——抓住短板做补充

注重人的教育已成为当今教育理论界普遍接受的一种教育哲学。学校把Ks English特色课程作为实施英语教育的途径时，没有忽视英语阅读能力作为学生语言学习中一项非常重要的技能。《课程标准》提出了对小学生英语阅读能力的要求，然而当前小学英语学科中却缺乏明确的英语阅读教学目标和与之相配套的阅读教材，因此在特色课程中开设英语绘本阅读课具有重要的现实意义。基于这样的认知，学校开设了英语拓展课程——英语绘本阅读，力求通过学科拓展课程补充基础课程的相关内容，丰富学生的学习资源，培养学生的思维能力，提升品格。

为了保证绘本阅读课程有效开展，教师努力提高阅读教学能力，参加“中国中小学生英语分级阅读体系标准研究”之子课题实验研究，立项“如何利用绘本阅读促进学生思维发展”研究课题。经过一段时间的课题研究形成了《英语绘本教学中学生提问意识的培养策略》《课堂提问在小学绘本阅读中的运用》《基于核心素养的一年级英语课堂提问有效性探究》等经验性材料，形成了绘本阅读教学理念和方法即：

阅读前导入——丰富绘本故事呈现方法，激发思维兴趣。

阅读中理解——重视绘本故事阅读形式，培养思维能力。

阅读中产出——完善绘本故事情境、丰富角色体验，促进思维发展。

阅读后生成——运用绘本影响、关注核心素养，拓展思维空间。

在故事阅读教学的过程中，教师鼓励学生以自己的方式多维、多向、多层次地解读、体验和理解作品，提供多种机会让学生进行具有探索性、发现性和增补性的阅读，鼓励学生以预测、反思、质疑、修改、重建等方式进行创造性阅读，在作者图画书的基础上最大限度地建构学生自己的绘本书。这一做法使绘本课程更大程度地发挥拓展作用，促进学生思维品质形成。

2. 活动有特色——学用英语我自主

(1)开展英语绘本自主借阅活动

教师为英语课程设计“小博士金字塔”特色评价。在绘本阅读课上，获得“小学士”及以上“学位”的学生，可以凭借“特权卡”从英语老师办公室借取一本适合年级水平的英语绘本书(配有磁带)，借阅时间为24小时。在借阅时限内学生可以在任何自由时间阅读，回家后可以录制“我爱讲故事”的小视频。

(2)推行英语自主分享活动

在校内设立图书角，并设置“书香时刻”开展英语绘本自主阅读和分享。学生在“书香时刻”或课间休息时可以自由翻阅图书角的绘本，在每节课的最后五分钟学生可以申请分享一本(本年级或低年级)自己借阅过的英语绘本书。放学前，小组长将绘本书交给英语课代表，英语课代表收齐后交回英语办公室。学生可以续借，但需提前说明。

(3)开办故事工厂(创编社团)

英语故事创编社团主要是利用各年级的英语绘本书开展活动，学生借阅自己喜欢的绘本书，再根据内容进行续编故事或者录制故事小视频。

(三)实践课程生活化

1. 目的意义

生活化教学是将教学活动置于现实的生活背景之中，从而激发学生作为生活主体参与活动的强烈愿望，让他们在生活中学习，在学习中更好地生活，从而获得有活力的知识，并在学习过程中陶冶情操。为了让学生在用英语中加深对语言的理解，提高学生的人际交往能力，英语教师针对英语实践课程制定了明确的实施原则，并创造了“模拟环境——仿真环境——真实环境”，“班内展示——校内展示——区内展示”等多维度的实践模式。

2. 实施原则

为了使学科实践真正做到生活化，制定了服务性原则、补充性原则、整体性原则和发展性原则。

(1)服务性原则

英语学科实践被列入课程计划，真正成为英语课程的第二课堂，并做到有计划、有目的地与课内教学配合，为全面提高教学质量服务。

(2)补充性原则

英语学科特色实践活动要从学生的生理、心理及年龄特点出发，在实施中遵循学生的认知规律及语言教学规律，给学生提供更多的语言实践机会，从而弥补课堂教学的不足，提高学生的英语综合运用能力。

(3)整体性原则

英语特色课程本身是一个整体，具有完整的体系和内在的联系。课程实施中活动内容要融知识性、趣味性、思想性于一体，突出优质性、适应性、功能性。

(4)发展性原则

通过活动课使学生充实知识、发展能力、增长才干，把一部分学生先培养成学习、活动的骨干，逐步去影响、吸引更多的学生积极主动地参与活动，使“学习”“运用”“再学习”“再运用”成为良性循环。

3. 实施模式

(1)活动形式分级

为保证 Ks English 特色英语课程面向全体，做到全员参与，采用分级渐进的课程活动实施方式。首先开展班级(模拟环境)英语戏剧表演，由教师和学生共同评选出优秀的英语创编表演，推荐参加学校展示；而后，校级开展(仿真环境)英语戏剧表演活动。为了让校级展示有很好的影响力，英语组教师针对展示活动制作宣传海报，公示评委小组，布置英语小剧场，通过校内电视台面向班级直播展示活动，英语实践活动成为全校师生共同关注的焦点，提高了参展学生的重视度和成就感，在全校掀起英语表演创编的热潮。最后，学校从参加校级展示的学生中选拔参加区级以上英语文艺汇演的选手，设计剧本，安排排练。正是有了实践活动分级分层、循序渐进的推进，学生的语言表达能力和外显的表现力快速得到提高。学校排演的剧目也不断取得佳绩，其中学生英语《花木兰》在全国大赛中获得了一等奖的好成绩。

(2)活动主题引领

在实践活动生活化的研究中，学校开展了系列英语主题实践活动，既包括学科内实践也包括跨学科实践。以下通过几个具体的案例说明我校 Ks English 特色英语课程中的活动主题引领。

案例一：学科内实践—— English in our life

根据 Ks English 特色英语课程的设置，在全校范围内开设了 English in our life 学科实践活动课程，先利用一学年时间完成首轮实践课程设计与实施。在实践中教师完成了对一至六年级全套教材中运动、饮食、购物、就医等生活话题的横向和纵向梳理，设计了《评价量规》和《英语实践活动课程活动实施计划》。实践活动补充了学生的常规英语课的学习，增加了文化了解和体验展示等环节，培养学生实际语言运用能力。

案例二：跨学科实践——Peace Corner（情绪疏导）

学校友善教育的理念指出，让每一双明亮的眼睛充满笑意，关注孩子的身体和心灵的健康成长。五六年级的孩子处于叛逆期的萌芽阶段，再加上学业压力的增加，不稳定情绪增多。很多孩子不能正确地对待与疏导自己的消极情绪，导致生生间矛盾增多。饮水间是学生们每日必去的场所，也是对学生进行品格教育的最佳场所之一。有了这样的认知，教师结合 Ks English 特色英语课程设置了 Peace Corner 跨学科实践活动和设计。

- 利用上课时间，英语教师说明、讲解如何管理情绪的方法(视频+《新维度》教材)，引导学生设计情绪管理公约张贴在“会说话的墙”上。
- 利用社团课和学生一同制作 Pictorial Input Chart 画报。
- 收集五六年级学生的笑脸照片，录制“假如我不小心伤害了你”语音材料，将语音材料制作成二维码，方便学生进行扫码。
- 摆放小椅子、小宠物与书本材料。
- 带领学生参观饮水间，向学生讲解画报内容与情绪调整椅的使用方法。

通过饮水间的布置，帮助学生正确地认识、调整自己的情绪，学会利用饮水间安静地疏导自己的消极情绪。而“会说话的墙”，更能加深学生对彼此间的了解。

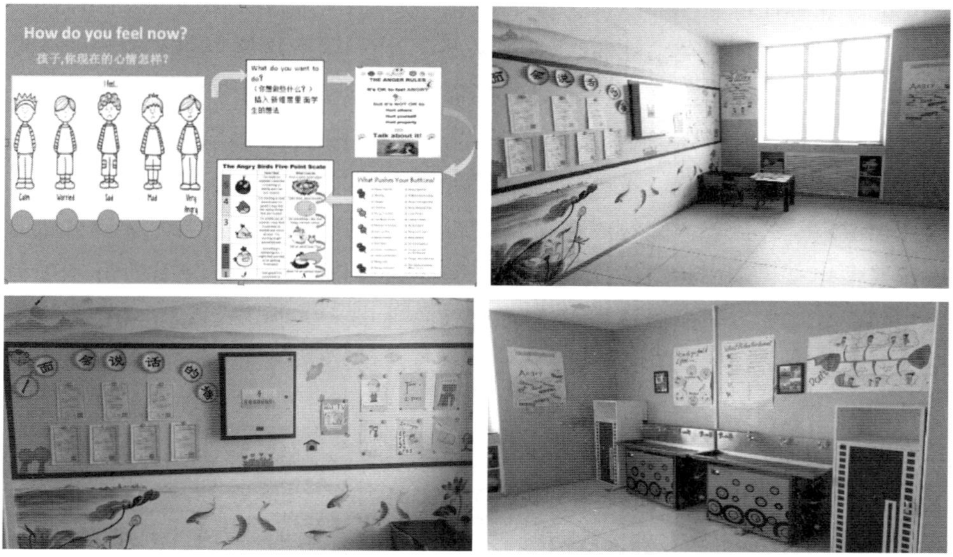

图 3-5　情绪疏导主题布置、场景与内容展示

案例三：社会实践——国际游学

为实现优质资源共享，帮助更多学生了解异国文化、运用所学英语，促进中外少年儿童间的文化交流，学习借鉴国外先进的教育理念和经验，发展校本课程、创建特色学校，学校结合 Ks English 特色英语课程的实施于 2016 年正式启动游学项目，开发美国游学课程。

美国的惠蒂尔小学是我校的友好学校，其办学理念以及教学有很多值得深入学习的地方，对我校开展"心中有人"的友善教育有很多可借鉴之处。在 Ks English 特色英语课程实践活动中，教师带领学生走进惠蒂尔小学课堂，与美国同学共同上课，参与学校艺术、科技社团活动，进入美国学校家庭，和家庭成员共同生活一段时间。国际游学项目也促进了教师职业成长和专业发展。在课程实施过程中，出访的教师全面观摩学校课程，尤其是阅读、艺术、体育类课程，与美国教师进行课程研讨，与美国校长座谈，借鉴其先进的教学理念和管理方法。回国后，开展学生间、教师间的分享交流会，将适合学校实际的教学理念与内容、教学方法用于校本课程开发，指导孩子们成为能自我管理的终身学习者，同时也促进了教学质量的提升和教师的发展。

五、课程评价

Ks English 特色英语课程基于学校友善教育理念实施友善评价，通过发掘教师评价与学生语言学习兴趣之间的联系，结合学生的英语学习现状进行英语综合评价。对学生的英语综合评价以班级为主进行，整体包括自我评价、档案袋评价、组内评价、教师评价、家长评价。

在课程实施过程中，教师自主开发了英语课程“小博士金字塔”评价体系。该体系采用过程性的评价方式，主要考查、记录学生在一定时期的学习过程中在知识、技能、情感、策略等方面取得的进步。这种评价渗透到学习的每一个阶段和过程。

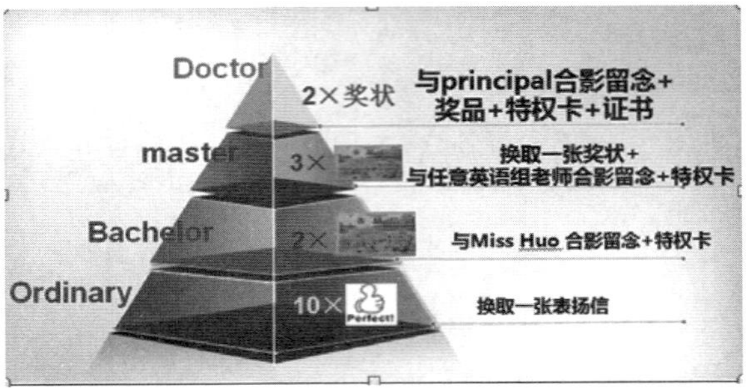

图 3-6 “小博士金字塔”评价体系构成

“小博士金字塔”由四个等级组成。最低等级为普通学员(Ordinary)，学生需要在课堂上认真倾听，积极发言，一节课中获得分数最多的前三组学生，每人可以获得一枚小印章。孩子们也可以通过录制微信英语视频获得小印章，积得 10 枚印章的孩子可以换取一张表扬信。得到两张表扬信的学生可以升级为小学士学员(Bachelor)，并获得与老师合影的机会，同时得到一张特权卡(担任英语班长一周，换取绘本书，换座位一次)。得到三张表扬信的学生被称为小硕士学员(Master)，可以获得一张荣誉证书，一张特权卡以及和任何老师合影一次的特权。最高级别的学员为小博士学员(Doctor)，获得与校长合影的特权，以及小博士专属证书和奖品。

金字塔评价四个等级环环相扣，成上升状态分布，能够及时有效地帮助学生了解学习过程、了解自己，激发学生积极向上的内部学习动机，从而真正体会到学习的乐趣。浓厚的学习兴趣是学生持续进行学习、进行探索不可缺少的内在驱动力，小学阶段激发与培养学生的英语学习兴趣有利于帮助学生开阔视野、了解丰富多彩的英美文化。教师从整体上把握学生的学习状态，找到影响学生英语学习兴趣的一些相关因素，在教学实践中相应地调整教学方法；同时，这种评价方式可以帮助家长及时了解学生的英语学习状况，帮助创造更有利的学习环境，为学生学习提供必要的支持。

为了保障评价方案持续、有效地推进，学校英语组自主开发了一整套评价工具，包括 Ks 币、Ks 印章、Ks 喜报、Ks 特权卡等。学生在每一节英语课的不断努力和进步都可以得到外化的证明和认可，从而在持续的他人和自我肯定中，提高持续学习力。

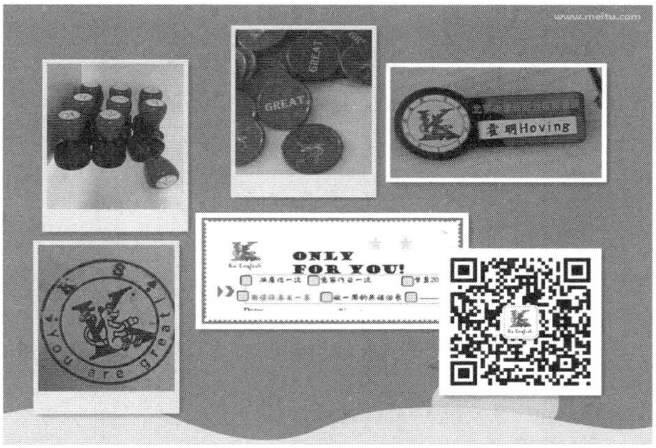

图 3-7　Ks English 特色英语课程评价工具展示

六、课程效果分析

(一)Ks English，把渗透友善态度落实在英语教育中

在学校友善理念的指引下，通过 Ks English 特色英语课程的实施英语教师能够做到以下四项要求：微笑进课堂，富有激情地上课，设计适合的英语课堂核心活动，给每个孩子提问的机会，使学生能够积极参与到课堂中来，学生英语水平得到提高。

(二) Ks English，把提升综合素养落实在英语实践中

戏剧课是 Ks English 特色英语课程的重要构成。戏剧教学理念强调在实践活动中重视学习者的交际、表达、情感、想象力以及集体意识的养成。英语学习内容和特点比较适合运用戏剧的结构方式指导学生参与实践。戏剧有

场景的布置、道具的运用、活动背景的虚拟，适合英语交际活动的步骤安排。运用戏剧特点构建英语虚拟课堂，有利于学生进入角色，在学习内容的同时习得语言。《课程标准》要求英语学习要注重英语的实际应用，因此在构建课堂时要渗入交际因素，运用好戏剧课堂中的语言知识、文化内容，训练学生在实际场景中的交流能力、应变能力。例如，特色课程中的英语戏剧《花木兰》不仅可以传承中国的传统文化，还能使学生在角色表演中形成英语语言的认知，体验英语表达的魅力，发挥想象和联想。

（三）Ks English，*把培养世界公民落实在游学课程中*

世界经济全球化的趋势要求孩子具有国际意识以及国际往来的能力，而这种素质在真正的国际交往中才能更好地培养。Ks English 特色英语课程中设置游学课程，与美国威斯康星州惠蒂尔小学进行长期交流合作，组织学生进行国际间游学，走进美国家庭体验生活，开拓学生国际化视野有效促进交流和合作，在语言学习过程中培养具有世界意识的公民。

（四）Ks English，*把持久学习品质落实在友善评价中*

Ks English 特色英语课程采用了“小博士金字塔”评价，主要考察一定时期内学生在知识、技能、情感、策略等方面取得的进步。该评价方式形式活泼，操作简便，渗透到学习的每一个阶段，有助于提高学生们的学习积极性和自信心。

七、后续研究和思考

Ks English 特色课程的开发符合学生的成长规律和发展核心素养的要求，是我校以课程化的手段系统落位全人教育，高质量提升英语特色课程育人与传播知识技能的多维目标的重要举措。

在实施 Ks English 特色课程的过程中，我们清楚地认识到课程的研发在学科教学、学校文化建设等多维度实施全人教育中的作用。今后，在推进 Ks English 课程的实施过程中，还要进一步加强课程内容与学生生活的联系，关注学生的学习兴趣和经验，使学生获得英语学科知识(Knowledge)、英语运用能力(Key)的同时，逐渐塑造品格(Keep、Kind)，提升作为世界公民的基本素养。课程的实施和落实，教师是关键。学校还要依托特色课程的开发，进一步提升英语学科教师的教学能力和科研能力，促进教师团队的专业化发展和成长。

案例点评

校本课程能集中体现学校的办学特色和课程优势，是实现特色办学的重要途径。开发以校为本的特色课程是支撑学校特色发展和内涵发展的关键。北京小学长阳分校基于友善教育的办学理念，结合学校特点和学生需求，设计开发了 Ks English 特色课程体系，丰富课程资源，彰显办学特色，真正落位“全人教育”，促进学生全面发展，提升学生的核心素养。

一、鲜明课程特色，凸显友善理念

“友善教育”是北京小学长阳分校的办学理念。自建校以来，该校一直践行基于友好和善待的教育，营造绿色的育人环境。基于“友善教育”理念，学校构建了 Ks English 特色课程方案。Ks 代表了 Kids、Kind、Knowledge、Key 和 Keep 五个方面，既明确了课程应促进儿童知识和能力均衡发展，又明确了课程应利于儿童学习策略和方法的获得，有利于儿童友善的品质。

五个单词，五方面内容，体现了鲜明的课程特色，综合体现了 Ks English 课程的育人目标和实施意义，既有对学生知识能力、学习策略方法的培养，又有学生良好品格的塑造，既凸显了“友善教育”的办学理念，又彰显了学校的文化特色。Ks English 课程充分体现出了学校的办学宗旨，做“心中有人的教育”，力求通过课程的实施，全方位培养学生的关键能力和必备品格，真正落实“全人教育”。

二、多维课程设计，拓展学用渠道

北京小学长阳分校在构建 Ks English 特色课程时，以落位学生核心素养，实施“全人教育”为目标，进行了多维的课程框架设计。三维一体的课程设计，有效互补，为学生学习语言和运用语言搭建平台，拓展了学用渠道。

从学科基础课程、学科拓展课程和学科实践课程三个方面进行了课程规划。学科基础课程以常规课堂使用的北京版小学《英语》教材为主，学科拓展课程以《大猫英语分级阅读》和《新维度英语》为主，学科实践活动课程以教育戏剧、游学等课程为主。三方面课程综合起来，构建成 Ks English 特色课程体系。

学科基础课程立足于全体学生，使学生掌握基本的语言知识，培养学生听说读写综合语言运用能力，是其他课程的基础。拓展课程着眼于满足不同层次学生的需求，开阔了学生的学科知识视野，延伸并综合提升学生的知识与能力，是基础课程的补充和辅助。《大猫英语分级阅读》和《新维度英语》开阔了学生视野，丰富了阅读资源，培养了学生的阅读兴趣和能力。学科实践课程立足学生不同发展方向的需求以及适应社会人才多样化的需求，是学生发展兴趣，拓宽学用渠道，促进个性发展的有效途径。三方面课程相辅相成，相互融合，丰富了学生的学习资源，促进学生全方位发展，将核心素养的培养落在了实处。

三、丰富课程内容，张扬个性发展

特色课程的实施为学生的个性发展提供成熟稳定的课程平台，丰富多样的课程内容，是学生依据个性潜能发展的独特领域和生长点，自主选择参与，这样使大部分学生享受适合的、有兴趣的课程资源，促进自身发展。

Ks English 课程体系中设置拓展课程《大猫英语分级阅读》内容，学校为每个年级的学生购买了分级阅读的绘本，开展“自主借阅”“书香时刻”“Reading for fun”社团等活动，学生可以依据自己的兴趣借阅绘本，分享阅读。在阅读中积淀智慧，增长能力，提升阅读素养。

实践活动课程中的戏剧内容，为喜欢表演的学生搭建了平台。通过排练教育戏剧，学生不仅语言能力得到提升，他们的集体意识、协作能力、鉴赏能力等也得到了全方位的发展。

游学活动开拓了学生的国际视野，使学生能够了解异国文化，体验国外教育，提升了学生的语言运用能力。

课程中的学科内实践活动“English in our life”为喜爱厨艺的学生开拓了一片天地，让他们做美食，品美食，宣传健康饮食。跨学科实践活动“Peace Corner”情绪疏导主题布置，让孩子们懂礼仪，学会控制情绪。

多元化的课程内容，让所有的学生都能有机会参与，并能充分张扬他们的个性，发挥特长，展现不同的风采，获得全面和谐的发展。

四、特色课程评价，促进成功体验

课程的实施必须要有科学的评价，才能保证它的完整性和发展性。对于学校特色课程而言，科学的评价尤为重要，既要保证课程充分实施，又要促进其可持续性发展。

依据 Ks English 课程体系的理念和特色，学校自主开发英语课程“小博士金字塔”评价体系，以过程性评价方式，考察学生在知识、技能、情感、策略等方面取得的进步。评价体系采用分级方式，Ordinary、Bachelor、Master 和 Doctor，四个等级循环上升，每个等级都有专属奖励，吸引学生不断进取，积极向上。

“小博士金字塔”评价体系科学、系统、有效地给予学生公平、公正的评价，使学生时时获得成功的体验，既促进了学生主动发展，又保证课程的可持续进行。

Ks English 特色课程，有鲜活的课程理念、明确的课程目标、多元的课程内容和系统的课程评价，彰显了学校的办学特色，落实了友善理念。课程的开展实施，丰富了学习资源，拓展了学用渠道，真正将核心素养落位，促进了学生的均衡发展，充分体现了“全人教育”，有效提升了学校的教育教学品质。

撰稿人：王春清 隗新宇 霍明 代川

点评专家：李美丽

第四章　实践案例：基于学校特色的生动实践

案例一：Progress——进步即成长

案例简介

北京市东城区前门小学“Progress・成长”英语课程以学校“自主教育”办学理念为指导，以学生发展需求为根本，本着“学段目标校本化”、“教学内容主题化”、“国家课程、校本课程整体融通”的思路整体设计，旨在促进每个学生的主动发展和自我实现，促进学生的思维发展，教会学生如何学习。其中，集丰富性、层级性和立体性的进阶阅读课程是整个课程群落中的亮点和特色。

案例分享

北京市东城区前门小学自2013年开始进行英语课程实践研究，研发团队探索英语国家课程校本化实施，丰富课程资源，建构课程群落，扎实进行课程实施及学习评价的整体推进，最终形成了“Progress・成长”英语课程研究成果。

一、关于课程开发的思考

（一）教育改革的要求

2014年，教育部印发《关于全面深化课程改革落实立德树人根本任务的意见》，2015年7月北京市教育委员会印发《北京市实施教育部〈义务教育课程设置实验方案〉的课程计划（修订）》，2016年9月《中国学生发展核心素养》发布，以上国家、地区课程建设指导意见都要求学校积极进行学校课程的整体设计和校本课程的开发。因此，前门小学在实践过程中，利用有效途径拓展学生的实践和体验空间，探索通过构建校本特色课程关注学生的全面发展，突出促进学生成长的核心价值观。

(二)学校的特色和需求

前门小学始建于1869年，是一所百年老校。学校位于长安街延长线，毗邻天安门、天坛、前门等具有国际影响的历史古迹，文化底蕴深厚。学校一直秉承着文化建设的核心思想——“自主教育”办学理念，着力构建整体化、精细化、协同化的学校课程体系，凸显学校课程的内涵和育人价值，促进每一名学生主动、全面、持续的发展。

“Progress·成长”英语课程强调培养学生自主性，将学校“自主教育”办学理念作为课程的文化基础。本课程是前门小学学校课程体系中的重要组成部分，与其他门类课程相互支撑，共同发挥整体育人的作用。课程突出国家英语课程校本化实施和英语校本课程的开发，为学校实现“培养思维活跃、行为规范、会学会玩、学好玩好的学生”课程整体育人目标发挥重要作用。

学生需求是“Progress·成长”英语课程开发的根本。通过调查数据分析，我们发现学生英语学习成效差别较大，部分学生学习兴趣不足，运用语言交流的能力弱，阅读量小、阅读面窄、缺乏阅读策略等。学校已开设的校本课能解决一些问题，但效果不够明显。基于以上分析，在充分发挥学校英语课程现有优势的基础上，前门小学重新进行课程的整体规划和推进。

团队实力是“Progress·成长”英语课程有效实施的保障。学校共有英语教师11人，平均年龄36岁，均具备较高学历和较强的教学能力。学校英语团队曾先后承担多项国家及市区课题，获得过教育部、市区课题研究成果的奖励。

二、“Progress·成长”英语课程的开发

(一)理论基础与设计思路

“Progress·成长”英语课程的开发以“人本主义教育观”和“唤醒教育理论”为基础，着眼于学生的全面发展和可持续发展。因此，课程定位为“进步即成长”，旨在促进每个学生的主动发展和自我实现，促进学生的思维发展，教会学生如何学习。

课程设计遵循“全语言教学观”，强调基于学生的发展阶段设计学习内容与不同的教学手段。教师在教学实施过程中创设有意义的学习情境，激活学生主动参与、促进学生多元智能的发展；同时鼓励学生在运用语言解决问题

的过程中提高语言能力和学习能力，发展思维品质，形成文化品格。

1. 学段目标校本化

基于《课程标准》和学校英语课程目标的具体内容，参考《美国共同州立英语标准》，借鉴王蔷教授《英语课程整体创新的研究》成果，结合学校实际开发《前门小学“Progress·成长”英语课程教学标准》。

本课程具有以下特点：首先，将《课程标准》一级和二级分级内容标准进行细化，并根据学生学习实际对“Progress·成长”英语课程学习内容进行调整，明确了小学1～6年级的学段具体目标要求。其次，在综合语言运用能力的五方面内容基础上增加跨学科能力，以提升学生的综合实践能力。最后，提高学生学习策略标准，增加指标和项目，体现对学生学习能力和思维品格的培养。

2. 教学内容主题化

学校选用的国家课程教材以交际功能和语言结构为主线，呈现相关话题与内容。为了更好地将所学语言功能和话题整合，有利于学生英语学习语境的创设，课程团队研发“Progress·成长”英语课程学习主题，通过归类整合，将单元功能情景化，以增强学生学习兴趣和学习体验，促进学生基于主题展开语言学习活动。

3. 国家课程、校本课程整体融通

基于学习主题，课程研发团队将国家课程的学习内容和拓展课程中的进阶阅读、进阶说唱、进阶视听以内容链接的方式进行整合，使学生在英语学习时能够围绕一个内容进行多种形式的语言输入和输出活动，不但促进了学生的听、说、读、写能力全面发展，更为学生的语言交际、思维发展提供了有力支持，促进学生在全语言情境中学习英语。

（二）课程目标

“Progress·成长”英语课程以学生的全面、可持续发展为根本目的，通过英语课程整体设计，实现国家课程和校本课程的有效整合；实现必修与选修、基础与拓展、学科与活动、知识与经验、过程与结果的统一；形成能够促进每一名学生自主发展的多领域、多主题、多层次、可选择的课程体系，设计走向整合、关联、发展的课程，实现对语言的深度学习（即语言、文化、思维的融合）。

从学生的角度而言，通过“Progress·成长”英语课程激活英语学习的热情，提升英语语言能力，发展思维品格，成为会表达、善交流、懂规划、能够理解多元文化的、可持续发展的小学生。

（三）课程框架

“Progress·成长”英语课程的价值定位是“进步即成长”。Progress 英文意为进步，向更高的方向前进。以 Progress 为名，意在强调课程开发的价值取向，即关注每个学生的个性发展，与自己相比进步了，就是成长。课程开发的目的在于激活学生学习动力，引导学生进行自我规划、自我督促和自主实践，促进学生自主学习能力和自我教育能力的提高。

“Progress·成长”英语课程既聚焦了中国学生核心素养的领域内容（文化基础、自主发展和社会参与）又凸显了学校的育人特色（培养具有自主学习能力的人）。“成长”，强调课程要培养可持续发展的人，重视每个个体成长的体验和过程。课程在重视学生语言能力发展的基础上，创设丰富的语言环境，拓展语言实践的空间，促进学生积极参与社会实践，主动规划自己的学习过程，积极发展思维品质和文化品格，让每个学生都能够在英语学习中有进步、有收获、有成长，做更好的自己。“Progress·成长”英语课程课程框架如表 4-1 所示。

表 4-1　英语课程“Progress·成长”英语课程框架

“中国学生发展核心素养”贯通培养

层级 \ 课程领域			文化基础	社会参与	自主发展	
基础课程		必修	国家课程			贯通课程
拓展课程	校本课程	必修	进阶阅读 进阶说唱 （突出文化基础）			贯通课程
拓展课程	校本课程	选修	进阶视听 （突出文化基础）		成长戏剧社 （突出自主发展）	英语学习规划
活动课程	校本课程	必修		学科联动课程 （天坛课程、前门课程） （突出社会参与）		英语学习规划
活动课程	校本课程	选修		游学课程 （突出社会参与）	金童小记者 金童电视台 （突出自主发展）	英语学习规划

『英语学科核心素养』贯通培养

1. 国家课程

国家课程内容选用北京版《小学英语》。通过国家课程校本化实施挖掘教材中核心要素，促进学生“英语学科核心素养”，即语言能力、学习能力、思维品质和文化品格的全面发展。

2. 拓展课程

拓展课程中的“进阶阅读”、“进阶说唱”、“进阶视听”和“成长戏剧社”基于学生的听说读写语言技能进行拓展，强调夯实学生语言基础，发展思维能力，学习方式上分为选修和必修。

3. 活动课程

活动课程注重创设多种学习情境，拓展学生学习和运用语言的空间，强调发展学生在情境中解决实际问题的能力，同时开阔学生视野，促进文化理解和文化认同，分为选修和必修。活动课程中的“天坛课程”和“前门课程”，基于学校优越的地理位置和文化环境资源开发，以多学科联动的实践活动方式促进学生在综合运用中实现课程目标。

4. 贯通课程

“英语学习规划”课程关注学生英语学习全过程，引导学生对自己的英语学习进行及时的反思和评价。

(四)课程设置

“Progress · 成长”英语课程融合了国家课程、拓展课程、活动课程以及贯通课程，各课程设置、内容以及在具体年级的实施情况见表 4-2。

表 4-2 “Progress · 成长”英语课程设置方案

<table>
<tr><td colspan="6">周学时安排(国家课程和拓展必修课)</td></tr>
<tr><td colspan="6">国家学时＋校本学时
(一、二年级 90′＋45′＝135′ 三至六年级 135′＋45′＝180′)</td></tr>
<tr><td rowspan="2"></td><td>校本化国家课程
含学科实践活动</td><td colspan="2">进阶阅读
(每周二校本课)</td><td>进阶说唱
(每周一说唱小课)</td><td>总计</td></tr>
<tr><td></td><td>阅读课</td><td>SSR 阅读</td><td></td><td></td></tr>
<tr><td>一、二年级</td><td>80′</td><td>35′</td><td>10′</td><td>10′</td><td>135′</td></tr>
<tr><td>三至六年级</td><td>120′</td><td>35′</td><td>15′(7′＋8′)</td><td>10′</td><td>180′</td></tr>
</table>

续表

<table>
<tr><td colspan="6">周学时安排（拓展选修课＋活动选修）</td></tr>
<tr><td colspan="6">综合实践活动学时（多学科综合使用，使用每周 3 学时中的 1 学时）
45′×3＝135′</td></tr>
<tr><td></td><td colspan="4">进阶视听/成长戏剧社/金童小记者/金童电视台</td><td>总计</td></tr>
<tr><td>三、四年级</td><td>45′</td><td>45′</td><td>45′</td><td>45′</td><td>45′</td></tr>
<tr><td>五、六年级</td><td>45′</td><td>45′</td><td>45′</td><td>45′</td><td>45′</td></tr>
<tr><td colspan="6">学期学时安排　活动必修（多学科联动课程）＋贯穿课程</td></tr>
<tr><td colspan="6">综合实践活动学时（多学科综合使用，15 周，每周 3 次）
45′×3×15＝2025′</td></tr>
<tr><td rowspan="2"></td><td colspan="2">学科联动课程</td><td colspan="2" rowspan="2">英语学习规划（每月第 1 周学科活动时间）</td><td rowspan="2">总计</td></tr>
<tr><td>天坛课程
（天坛活动周）</td><td>前门课程
（前门活动周）</td></tr>
<tr><td>一至六年级</td><td>45′×3</td><td>45′×3</td><td colspan="2">20′×4</td><td>350′</td></tr>
<tr><td colspan="6">学期学时安排　活动选修（游学课程）</td></tr>
<tr><td></td><td colspan="5">游学课程</td></tr>
<tr><td></td><td colspan="5">90′＋寒暑期活动时间</td></tr>
</table>

1. 国家课程和拓展必修课程

在国家规定的英语学时基础上，学校每周增加 1 学时（45 分钟）校本课程学时，进行进阶阅读课学习。其中 35 分钟为进阶阅读课教学，10 分钟开展 SSR 持续默读活动。

其中，一、二年级每周从国家课程学时中拿出 10 分钟开展 1 次 SSR 持续默读活动。三至六年级每周从国家课程学时中拿出 15 分钟开展 2 次 SSR 持续默读活动（7′＋8′）。

2. 拓展选修课程和活动课程

拓展选修和活动课程都通过综合实践活动开展、实施。拓展选修课（进阶视听、成长戏剧社）和活动选修（金童小记者、金童电视台）在每周一下午校内实践活动时间进行，每周 1 学时。学生根据自己的特长和爱好进行自主选择。

活动课程中的多学科联动课程（“天坛课程”和“前门课程”）利用每学期校

外实践活动时间与其他学科联合开展，折合为英语学习时间相当于每学期1次，每次3学时。此外，游学课程利用校内和假期时间开展。在每学期外出游学活动前用2学时进行相关知识学习和活动准备，其余内容利用假期游学时间进行。

3. 贯通课程

英语学习规划利用校内学科实践活动时间进行，每个月第一周的周三，每学期共4次。

三、"Progress·成长"英语课程课程实施与学习评价

（一）国家课程实施——加强有效教学，突出教学效果

前门小学国家课程校本化实施重在加强有效教学，突出教学效果。在课程实施过程中加强备课设计，强调落实，关注反馈和课堂改进，通过专家的引领并结合教师们的课堂教学实践积累，课程研发团队对于如何开展高效的课堂教学总结出了一些经验。

1. 高效的课堂源于全面、准确、深入的备课

通过课程的实施，学校教师认识到有效的备课是教学效果的根本保障。在备课环节，教师先要进行细致的文本分析，特别注意充分挖掘教材中的非文本信息，准确把握教学内容。在文本解读过程中采用以下三个步骤。第一，弄清教学内容是什么，做到全面把握教学内容。从主题、情节、语言进行文本解读。第二，思考作者为什么如此设计教学内容，读出文字背后的内容，如：文本传递了怎样的情感与价值观？文本哪些部分可以促进学生思维发展，培养哪些策略？第三，读懂文本内容和学生生活实际的联系，如：本课的学习主题和学生已有生活经验有什么关系？学生已知有什么？而未知又有哪些？可以采取何种方式激活学生经验，促进学习。

2. 高效的课堂源于清晰的问题设计

课堂教学实施环节注重从学生已知经验出发，激活学生对于相关主题的语言和经验；通过设计合理的问题链，引发学生思考、观察、提取信息、建构意义，从而实现学生对主题和语言理解的提升和优化，形成新的知识结构，促进学生将新学的知识建构到学生已有的知识体系中。每个教学环节的问题设计尽可能体现引导学生基于已有的图示，主动建构新图示的过程。

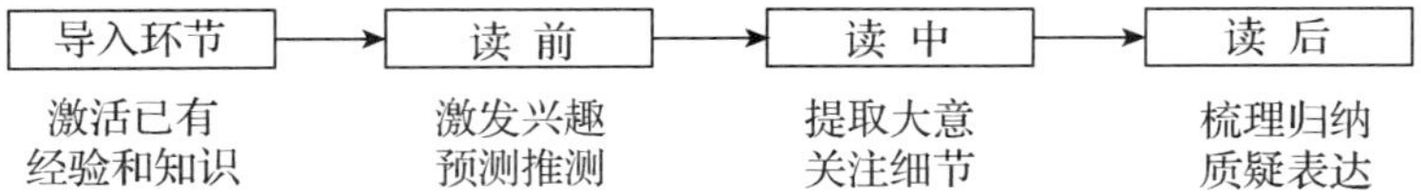

图 4-1　教学实施环节问题链设计示意图

3. 高效的课堂源于多样化的活动设计

“Progress · 成长”英语课程中多样化的学习活动是学生最终习得语言知识，发展语言能力的有效途径。在国家课程校本化实施的研究中，教师尝试了设计基于学生主动学习的多样的活动。任务型学习：任务内容与学生实际生活紧密联系，激发学生参与热情；任务步骤由易到难，形成学习阶梯；任务分组兼顾不同层次学生，提高学生的参与度。合作学习：学习分组兼顾个体差异、学习特点和学习程度；培训合作技能，给每个层次学生获得成就感的机会；合作学习过程中注重对学生语言能力、学习能力、思维品质和文化品格的培养。

4. 多样性的评价，促进学生自我反思和改进

“Progress · 成长”英语课程目标是学习评价的基本标准，评价内容包括语言能力、学习能力、思维品质和文化品格。我们关注学生在学习过程中的自我反思和改进，以契合学校“自主教育”办学理念，主要采取形成性评价和终结性评价相结合的方式：形成性评价重点评价学生的学习行为表现和合作学习情况，终结性评价不仅包括学生的期末考试成绩，还包括学生自己制作的英语学习档案、学生的英语学习规划手册等。

为实施形成性评价教师们开发了《“Progress · 成长”英语课程课堂学习形成性自评表》，评价项目包括五方面：认真倾听——关注学生学习专注度，积极思考——引导学生学会思考，大声发言——促进学生知识巩固，大胆提问——引导学生个性发展，乐于合作——促进学生与人交往。评价表由学生在每节课后填写，每月汇总。

课程的形成性评价还包含以下项目内容：课堂听力活动、课堂口语活动(辩论、问答比赛、角色扮演等)、书写作业、项目作业(如海报、广告、宣传册制作等)、小组讨论表现、小组互评情况评价。

表 4-3 “Progress · 成长英语课程”课堂学习形成性自评表(____月)

____年级____班　姓名________							
		认真倾听	积极思考	大声发言	大胆提问	乐于合作	等级
第一周	1						
	2						
	3						
第二周	1						
	2						
	3						
第三周	1						
	2						
	3						
第四周	1						
	2						
	3						

注：评价等级为 Good，Not bad，Try again

(二)拓展课程实施——以“进阶阅读”和“成长戏剧社”为例

1. 进阶阅读——Step by Step：Let's Read!

(1)课程设计意图—— 提高阅读能力，发展思维品质

英文阅读是丰富学生生活经历、开阔视野、培养文化品格、发展思维品质、形成正确的情感态度价值观的重要途径。自主阅读能力是学生终身学习、终身发展的必备能力。通过进阶阅读课程的设计，促进学生产生持久的阅读兴趣，掌握一定的阅读策略，促进学生边阅读边思考、边阅读边感悟。

(2)课程特点——丰富性、层级性和立体性的进阶阅读课程

进阶阅读引入《攀登英语》《领先阅读 X 计划》《大猫分级阅读》《丽声英语》《牛津阅读树》《朗文妙语连篇》等多种分级读物，共计 1226 篇故事，分为 86 个主题。

这些英语读物均为分级读物，但由于学生阅读兴趣、阅读能力有一定差异，教师又根据各年级学生的英语学习实际情况，参照《中国中小学英语分级

阅读标准》重新做了分级，增加了每个级别阅读内容的跨度，如：将四年级学生阅读读物跨度设计为三、四、五级，学习基础较差的孩子从三级起步逐渐提高到四级，学有余力的学生则从四级开始阅读逐渐提升到五级水平。

“进阶阅读”课程选择两套阅读读物为主教材，为了横向扩充阅读量，选择另外两套主题丰富、体裁多样的读物作为选读的补充读物；此外，还选择两套语言较为丰富、篇幅较长的读物作为提高读物，纵向提升阅读难度。阅读主教材、补充读物和提高读物共同构成了以《领先阅读 X 计划》和《大猫阅读》为中心的，以《丽声英语》《攀登英语》为支架的，以《牛津英语阅读树》《妙语短篇朗文学生系列读物》为延伸的进阶“阅读课程”内容体系。

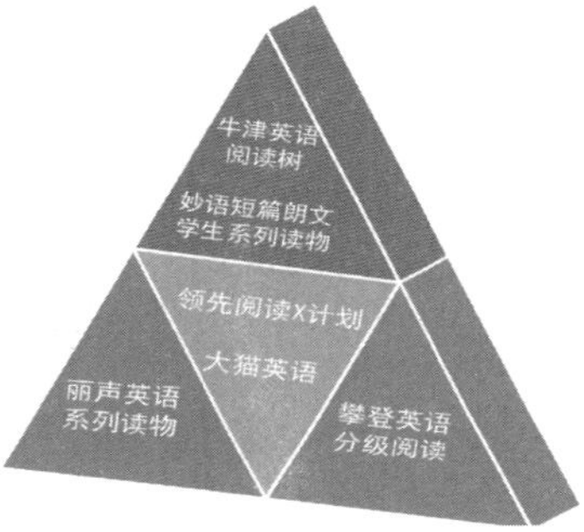

图 4-2　“进阶阅读”课程内容体系

(3)课程实施——多样化的教学模式，促进学生阅读能力螺旋上升

针对不同的阅读文本体裁，兼顾学生的学习特点、阅读水平和差异化的阅读需要，“进阶阅读”课程教学中主要采取几种不同的教学模式。

a. 分享式阅读模式

分享式阅读是学生和教师一起阅读的过程，是教师给学生做阅读示范的过程。在这一过程中，教师和学生通过问题进行有意义的交流，逐渐从以教师带着读过渡到学生自己能够读，最终达到学生能够和教师一起分享阅读乐趣。

分享式阅读主要在进阶阅读初阶中使用，适应低年级学生学习特点和阅读能力。首先，教师准备阅读内容的主题图。教师呈现图片，通过问题引领学生观察图片，寻找信息，预测故事情节、推测故事的发展。通过图片环游学习故事的方式，孩子们形成了一定观察图片、提取信息的意识和能力，在师生共同建构讲故事的过程中，初步形成用英文思维的习惯，在回答问题和自己提出问题、解答问题的过程中逐渐掌握一些阅读方法和技能。

在分享式阅读教学实施一年多展开的调查中发现，孩子们学习兴趣提高了，能根据读本的书名猜测故事，能提出自己想知道的问题，能观察图片预测故事，能在阅读后独立给图片排序，还能在阅读后表达对故事中人物的喜好。有些孩子还能够续编故事甚至是自编故事。

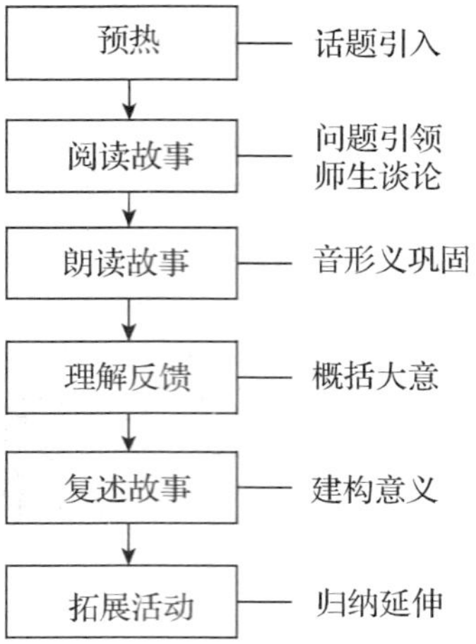

图 4-3　分享式阅读教学过程示意图

b. 指导式阅读模式

指导式阅读旨在帮孩子从分享阅读阶段过渡到独立阅读阶段。在阅读中，教师把学生分成小组，在教师的指导下，相近水平的学生在小组内一起阅读，学习阅读策略和技巧，讨论阅读材料和回答问题。

指导阅读多用于中阶和高阶教学，将小组阅读引入教学过程中。教师将水平相近的孩子分成一组，每个孩子独立阅读后，讨论阅读材料和回答阅读问题，互助完成阅读活动。指导式阅读的关键在于教师要进行有效的分组，在分组活动中教师关注每个小组的活动情况，根据学生情况反馈，保证小组成员水平相当，保证小组活动时每个学生都可以参与，避免出现只有一个学生说，其他学生听的情况。

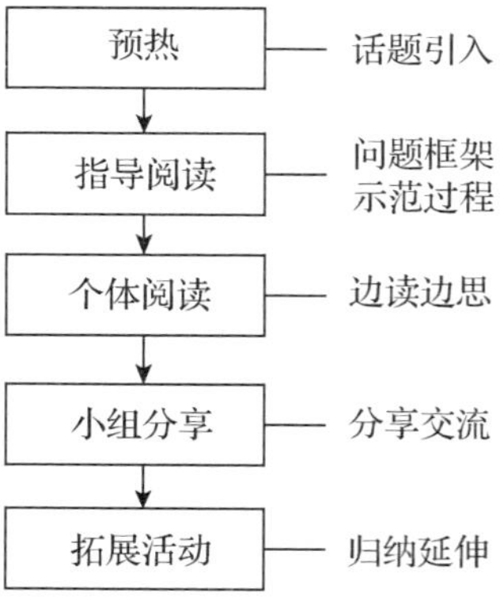

图 4-4　指导式阅读教学过程示意图

由于指导式阅读是从分享式阅读到独立阅读的过渡阶段，所以教师常常先通过分享式阅读带着学生读一部分内容，为小组阅读做出示范，然后学生根据示范展开阅读。教师通常会设计 Where? When? Why? How? 等问题框架，让学生带着问题展开个人阅读和小组讨论。

c. 拼图式阅读(Jigsaw reading)模式

拼图式阅读主要在进阶阅读中阶和高阶教学中开展，此外也适用于较长的百科类读物的阅读教学。

拼图式阅读模式是一种学生自主阅读、多次分组、分享提升的阅读学习模式。孩子们首先选择文本中的一部分内容形成一个阅读小组。学生观察图片、联系上下文读懂文本，提取信息进行个体阅读，然后小组交流补充合作阅读；之后第二次分组，对某一部分内容理解充分的孩子组成一个新的小组，每个孩子分享自己所学的那个部分，其他孩子聆听和提问。这样的阅读形式，既给了孩子们独立阅读的空间，同时相互分享和聆听又促进了学生运用语言能力的提高。

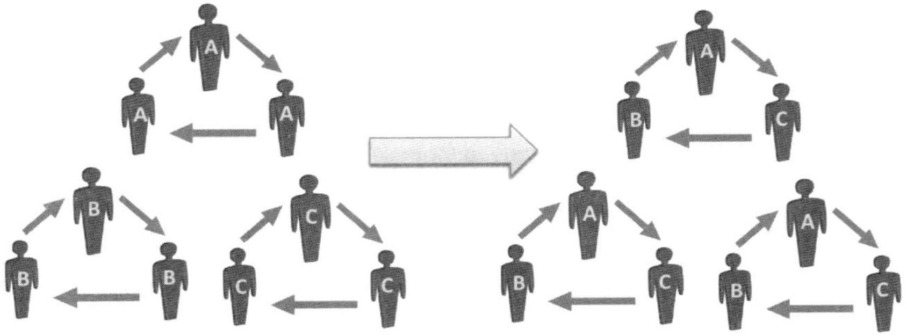

图 4-5　拼图式阅读教学分组活动示意图

d. 持续式默读(Sustained Silent Reading)模式

SSR 阅读模式多用于学生课余的英语阅读和家庭阅读。在 SSR 持续式阅读时间里，孩子们选择自己阅读书单中未读完的书，或者在班级的阅读角中选择一本感兴趣的读物独立阅读。指导教师不作讲解、不打扰孩子的阅读，在孩子读的同时自己也进行阅读。阅读完成后，教师不要求学生完成过多的阅读任务，只做简单的记录，有兴趣的学生可以进行阅读心得的记录，但不要求必须完成。通过 SSR 阅读的开展，很多孩子阅读的习惯被固化下来，他们在家中也展开了持续的有兴趣的阅读活动。

(4)学习评价——多样性学习评价，促进阅读素养全面提升

《中国中小学生英语分级阅读标准》一书提出了学生英语阅读素养的框架，

主要包括阅读品格(阅读习惯和阅读体验)和阅读能力(解码能力、语言知识、阅读理解和文化意识)。基于阅读素养框架，针对阅读课程课程研发团队研发了评价工具《英语学习规划手册》，研制了多种形式的形成性评价工具与量表，包括一课一评、一读一评、一月一评等。

a. 形式多样的读后活动

形式多样的读后活动是进阶阅读评价的重要方式。如：绘制文本结构图、大意摘抄、提出关于文本的问题并写出回答、续编或者创编新的故事。这些阅读活动聚焦学生语言知识和阅读能力水平的评价，重点反应学生语言知识的掌握、信息提取、策略运用和多元思维能力的发展。课后，教师都会根据阅读文本的不同，设计 2～3 种不同的读后任务，学生可以根据自己的水平选择，有简单的摘抄，也有相对难度较高的绘制故事地图等任务。每个学期结束，学生将完成的所有阅读任务装订成册，进行班级展示，全体学生根据正确、美观、任务有难度三个标准挑选出做的最好的同学。

b. 阅读笔记

阅读笔记是学生进阶阅读过程中使用的学习工具，也是课程中学生及时进行自评的方式。《英语学习规划手册》中设计了“我的阅读笔记”。学生每读完一篇英语读物，利用“我的阅读笔记”对阅读掌握情况、阅读兴趣和态度进行记录，记录的过程即是引导学生自我评价、反思改进的过程。

我的阅读笔记

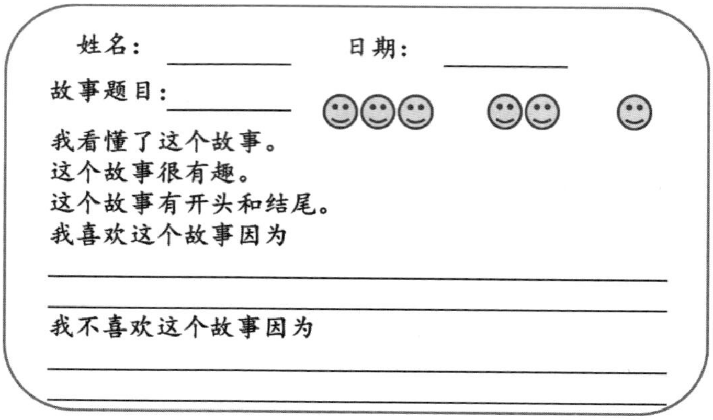
姓名：________ 日期：________
故事题目：________
我看懂了这个故事。
这个故事很有趣。
这个故事有开头和结尾。
我喜欢这个故事因为
我不喜欢这个故事因为

图 4-6 “我的阅读笔记”示例

c.“进阶阅读课”自我评价表

进阶阅读自我评价表主要评价学生阅读习惯和阅读体验、阅读理解能力、文化意识和解码能力。学生每月进行一次评价，真实记录和反思自己一个月以来的学习情况。教师引导学生将本月和上个月的评价进行对比，帮助学生发现自身的薄弱之处，指导学生尝试找出问题的原因，并作出积极改进。

表 4-4　“进阶阅读课”自我评价表

评价项目	评价内容	评价选项		
		☺☺☺	☺☺	☺
阅读习惯 阅读体验	我觉得英语阅读很有趣			
	对我来说每天读英语故事很重要			
	我每天都进行课外阅读			
阅读理解 (信息提取和策略)	我能够观察封面和封底寻找关键信息			
	我能够结合图片推测、预测故事的发展			
	我能够和教师互动讲故事			
文化意识 解码能力	我知道故事发生在哪个国家			
	我能够有语气地朗读故事			
	我能试着读出没学过的单词			

2. 成长戏剧社——English drama club

(1)课程设计意图——激发兴趣，注重体验中提升

成长戏剧社的核心词是“成长”。我们希望学生能通过参与戏剧改编和表演的任务，激发英语学习兴趣，促进言语、思维、动作、表达等方面的全面提升。

(2)课程特点——开发循环上升全过程体验的戏剧课程

成长戏剧社的学习内容不仅是舞台表演，还包括剧本改编、创作以及肢体训练，最后的环节才是表演。这一课程的目的在于引导学生体验戏剧创作的全过程，促进语言能力的全面提升。成长戏剧社是由学校借力社会化教育机构，由英语教师和剧团的专业老师合作打造的。通过两方的共同研讨，将进阶阅读课中的英语绘本剧创作、改编和表演确定为戏剧社的学习内容，促进课程的延展，采取选修形式进行。成长戏剧社的学生先后排演了 *Scary*

Hair，*The Magic Pen*，*Best Bird* 等十余部英语绘本剧，*Snow White*，*Cinderella*，*Lion King* 等多部英语原版舞台剧目。

(3)课程实施——积极参与和自主体验

成长戏剧社学习活动突出学生的积极参与和自主体验，教师作为辅助，随时引导或提供指导。在课程中学生选择喜欢的绘本故事作为剧本创作原型，激发参与的兴趣；学生提取绘本要素(角色、背景、主题、情节等)，促进对故事的梳理、理解；学生小组合作讨论和编写剧本，促进读写能力的提升；排练过程中学生尝试通过肢体动作表现剧情，强化对语言的理解。戏剧课程的全程注重引导学生体验与交流，合作与分享，促进学生语言运用能力的全面提升。

(4)学习评价——客观评价，促进自我反思

在成长戏剧社课程中，观察到学生的听说读写各项能力发展并不均衡，有的孩子读写能力较为出色，但在表演和展示环节中却常出现怯场现象；有的孩子善于表演，但不善于读写。为了促进学生客观地认识自我，在课程实施过程中评选最有进步的成员，鼓励每个成员积极投入，做最棒的自己。每次活动结束，学生都会利用形成性评价表对自己剧本改编、台词朗读、肢体表演三个项目的参与情况进行自评和互评。教师也会做出评价，根据评价结果选出本次活动最佳以及最有进步的成员。每个学期，成长戏剧社都会为全校师生献上一台英语戏剧汇报演出，这也是评价内容之一。

(三)学科联动课程实施——以“天坛课程”为例

1. 课程设计意图——运用语言、合作交流

“天坛课程”是我校多学科联动的主题式跨学科综合实践活动课程。天坛既是学生开展实践活动的场所，又是学生学习和研究的内容。课程的设计聚焦核心素养的培养，着力于培养学生运用语言工具素养、数学素养、科学素养、信息素养、学会学习和文化素养等。其中的英语课程，重在培养学生运用英语语言工具认识事物、实地调查、合作交流、展示介绍的能力；重在激发学生爱国情怀，引导学生运用英语语言工具为外国友人介绍中国文化；重在培养学生的国际视野，促进学生在与外国人交流中发展文化理解和文化认同。

2. 课程特点——开发形式多样、实践体验的活动方式

第一，挖掘英语学科国家课程中与天坛相关的内容和主题。课程研发团

队将“Progress · 成长”英语课程学习主题与天坛所能提供的课程资源（环境、人群、历史、活动等）进行了关联，发现学生所学习的英语主题都能与天坛结合，如：个人情况、家庭朋友和周围的人、周围的环境、日常的活动、人际交往、个人兴趣、节假日活动等。这些主题或者可以作为与人交流的话题，或者可以成为介绍展示的语言，或者又可以成为其他学科实践活动的良好支持。

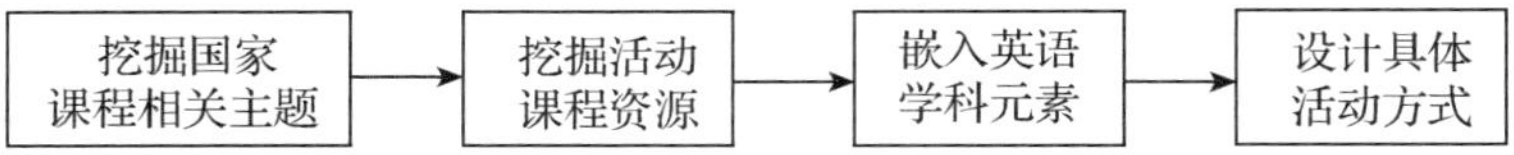

图 4-7　“天坛课程”设计与实施

第二，对天坛课程资源的利用与开发，思考天坛能提供给学生什么样的英语学习体验。通过多次天坛实地观察和相关资料的收集与整理，研发团队发现天坛拥有极为丰富的文化环境资源，例如，天坛中的祈年殿、回音壁、圜丘里的科学现象具有非常重要的研究价值；天坛公园世界各地的游客云集，是学生与外国友人进行英语语言交流的极佳场所。

第三，思考英语学科和天坛课程的结合点。课程研发团队围绕天坛主题，梳理出了学科切入点，例如，阅读英文解说词，通过英语阅读了解天坛文化；为天坛公园里的古树设计英文介绍，帮助外国友人了解天坛植物；绘制天坛景点英文简图；在天坛公园与外国友人交流，介绍天坛历史和北京风貌。

第四，结合英语学科元素，设计具体的活动方式。针对天坛祈年殿、回音壁等景点，可以让学生实地阅读导游词，记录关键信息，小组合作制作关于景点的简短英文介绍。在小导游活动中，采取模拟小导游的方式练习，教师扮演外国友人，帮助学生提高解说的水平和自信心。在实地解说时，学生小组合作完成，以降低紧张或者语言困难等因素对实际交流的影响。

3. 学习评价——多元评价，促素养提升

天坛课程是活动类课程，更加重视学生的真实获得，因此课程研发团队采取过程评价表、活动作品展示或汇报多种方式进行评价。形成性评价既关注学生在活动过程中英语运用的情况，又关注秩序、小组合作、文明礼仪等内容。课程根据不同的活动主题和方式提供了具体的评价表，评价的主体包括学生、教师、同伴，也包括外国友人、天坛工作人员等。

表 4-5　六年级天坛课程活动形成性评价表

English tour guide worksheet for Tiantan Course *Qianmen Primary School*

Class: ________　*Name*: ______________________________

		Pre-tasks 前任务活动 （小组）	Fun tasks 趣味竞赛	Guide practice 导游词练习	Show time 英文小导游	Safety 安全有序
自评	积极参与					
	活动效果					
互评	积极参与					
	活动效果					
教师评价	积极参与					
	活动效果					
友人评价						

参与活动的教师和学生都可以根据每个学生参与积极性、流利程度、是否注意安全等采用笑脸贴画的方式评价，获得笑脸多的小组最终获得奖励。最后，学生还可以以小组为单位为自己的景区代言，制作景区、景点海报或者 PPT，设计广告语或介绍词，将自己学习的收获呈现出来。

（四）贯通课程——英语学习规划 My English Study Guide

1. 课程设计意图——促进学生反思评价

英语学习规划，既是活动课程的必修内容，又是贯穿学生各个课程学习的规划和评价手段，是促进学生发展自主学习能力和自我教育能力的有效保证。“Progress・成长”英语课程框架中的所有课程评价，主要包含在《英语学习规划手册》中。英语学习规划采用显性化评价方式，促进学生认识自我，了解自己的学习情况，并关注学习全程中自己的表现，及时反思和改进。

2. 课程实施——重在过程和分享

在课程实施过程中，每逢开学初，每个学生都会收到《英语学习规划手册》。手册中包括孩子们的自我介绍，英语学习调查问卷，英语学习建议，本学期英语选课和评价表，每一门校本课程的评价页，最后还有学期的学习小结。学生在参与英语课程时每天根据学习情况进行即时的自我评价，教师会带着学生利用每月一次的校本课时间一起分享和汇报当月的学习情况，并让学生互相提出改进的意见。

3. 学习评价——隐性评价显性化

英语学习规划是一种评价，亦是一种学习。学生在学习过程中的各种自评与他评都是本课程的学习资源。学生通过《英语学习规划手册》记录完成情况及英语课程整体学习情况，在自我规划、自我评价的循环过程中不断提升。

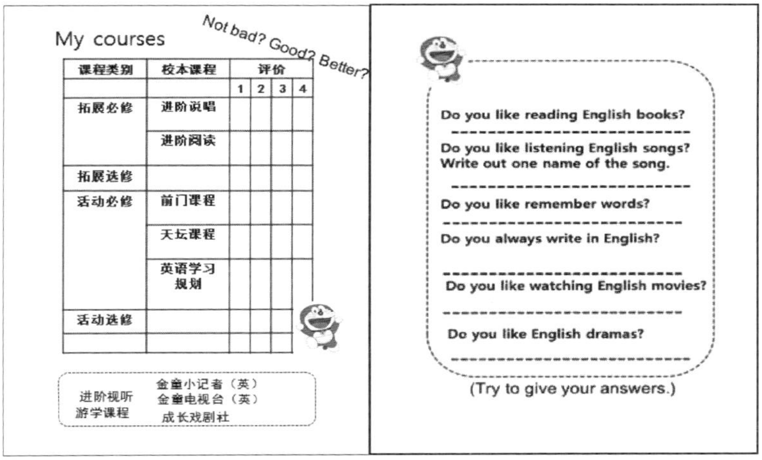

My courses

Not bad? Good? Better?

课程类别	校本课程	评价			
		1	2	3	4
拓展必修	进阶说唱				
	进阶阅读				
拓展选修					
活动必修	前门课程				
	天坛课程				
	英语学习规划				
活动选修					

进阶视听游学课程：金童小记者（英）　金童电视台（英）　成长戏剧社

Do you like reading English books?

Do you like listening English songs? Write out one name of the song.

Do you like remember words?

Do you always write in English?

Do you like watching English movies?

Do you like English dramas?

(Try to give your answers.)

图 4-8　《英语学习规划手册》内容展示（四年级）

四、课程实施的成效与启示

经过四年的不懈努力和实践，“Progress·成长”英语课程体系按照课程规划已经全部开发完毕，学校在课程实施与评价过程中取得一定的经验，课程中学生学习评价为课程研发团队及时进行课程诊断、完善课程提供了依据，便于在实践中及时矫正。

(一)学生的变化

前门小学“Progress·成长”英语课程实施研究发现学生在学习兴趣、语言能力、学习能力、思维品质和文化品格几方面都取得了较为显著的进步。

首先，学生的学习兴趣提高，表现出积极的学习态度。在学期末访谈中，看到了很多令人欣喜的反馈。四年级的一名学生说，“我特别喜欢上英语阅读课，特别喜欢的是 X 计划里孩子们拥有可以变小的手表。当孩子们变小了之后，世界变得太奇妙了。虽然还有不会的词，但我一定要加油，多积累词汇，这样才能读更多更有趣的故事。”六年级的一名学生说，“这学期的天坛课程，我采访了好多外国朋友，他们不但夸我语言棒，还写了很多鼓励的话给我，真是太棒了。我觉得自己的英语水平又提高了！”还有很多类似的反馈，我们欣喜于孩子的自信和成长。

其次，学生的英语听说读写技能得到了一定的发展，特别是说的技能和阅读技能提高显著。

1. 说的能力显著提升

为了评价课程实施的有效性，在每学期末各年级的英语口语测试中，学校采用了剑桥口语测试评分标准，对学生的听力与互动、反馈的及时性和信息的广度、语法与词汇、语音进行了追踪记录。对二年级某班学生进行的四个学期的追踪记录显示，学生听力与互动、反馈的及时性以及语言的规范性有较为显著的提高。数据也反映出学生在使用符合语法规则的语言进行表达方面提升缓慢，这与学生处于形象思维到抽象思维的发展阶段有关，需要在今后的课程实施过程中重点关注。

表 4-6　二年级某班学生口语测试情况追踪表

项目	指标	测试达标百分比			
		1	2	3	4
听力与互动	理解提问并能做出正确的回应	50%	57%	80%	90%
反馈的及时性	能迅速给出回答	45%	52%	75%	85%
语法与词汇	能理解问题中的语法现象	40%	50%	70%	85%
	能基本正确使用语法规则来表达	42%	52%	70%	75%
	能正确使用词汇表达	60%	65%	85%	90%
语音规范	发音基本正确	55%	60%	80%	95%
	语调自然	35%	55%	80%	90%

2. 阅读能力显著提高

教师还利用出版社提供的分级阅读测试平台对学生进行阅读能力的追踪。对四年级某班学生四个学期期末测试跟踪记录，显示出学生达到的阅读水平等级呈明显上升的趋势。有的学生初次测试等级为 2，第四次测试等级跃升到

15，可见通过进阶阅读课程的开展，促进了学生的个体阅读能力的提高。最后一次测试全班学生的等级均高于10级，说明班级学生的阅读能力整体得到提升，学生阅读水平发展均衡，这与进阶阅读课采用小组合作形式、课外持续式默读培养学生阅读习惯有直接的关系，也表明进阶阅读课程的实施颇有成效。

3. 学生的自主意识和自主能力得到提升

课程中自我学习规划的设置规范了学生的学习行为，及时的学习评价促进了学生自我意识和自我反思能力的提升，积极的学习策略指导促进了学生自主学习能力的提升。在课程中学生逐步学会能够通过归类的方式将单词按主题进行归纳记忆，能利用故事图的方式提取文本信息绘制结构图，能够积极与他人合作共同完成任务，能够在活动实践课中运用英语交流和解决问题。这些都是校本化课程实施取得的成果。

(二)教师的专业发展

在课程实施的过程中，伴随着课程的推进研发团队中每一名教师的课程意识、教学观念和专业水平也逐步得到发展和提升。

1. 教师的教学观念发生了转变

通过教师访谈和教师自我反思，可以看到教师的转变，从只关注自己教，到更加关注学生学。教师开始有意识地从学生的生活经验和学习兴趣出发，设计各种利于学生感知、参与和体验的活动。

2. 教师的教学设计更加灵活多样

伴随着“Progress·成长”英语课程的实施，课程团队依托教育部课题参加了多种形式的培训活动，并在教学中加以实践。教师们的教学设计更灵活，思路不断扩展，从单纯关于语言学习，转变为有意识地关注和培养学生的学习策略、思维品质、文化品格，并在教学活动中尝试多种教学方法，创设语言交流情景，给学生提供观察、联想、推理等思维发展的空间。

3. 教师的评价观念更新

通过参与“Progress·成长”英语课程的研究，教师的评价意识不断增强，评价手段也更加多样。通过课堂观察、教师反思和访谈发现，课程实施以来教师更加注重形成性评价，注重学生的自我评价。例如，在使用《英语学习规划手册》的过程中，教师创造性地开发了不同形式的评价量表，同时，也能更好地利用评价作为激励学生进一步提高的有效手段。对我们的教师而言评价不再等同于教学测试。

(三)学校的变化

学校课程的建设、实施的过程，也是学校不断发展和进步的过程。“Progress·成长”英语课程已经成为学校的品牌课程，并在全国和北京市产生了一定的影响。2014年、2015年学校先后获得北京市课程成果评选一等奖和北京市课程先进校。2015年，学校英语课程负责人在“全国首届分级阅读研讨会”上代表学校做课程建设的主旨发言，受到了与会专家和教师的高度评价。

在“Progress·成长”英语课程实施过程中，我们取得了一定的成果，也发现一些问题有待进一步思考和改进。(1)课程的评价设计还需进一步完善，教学目标、课程设计等多个要素还需及时诊断和合理调整，以促进研究正确的导向并逐步深入。(2)课程教学标准内容还需根据学生学习的实际情况进行调整，以保证课程实施的针对性和有效性。(3)围绕学生英语核心素养的发展和课程实施途径研究有待加强，以保证课程的研究成果真正转化为学生的实际获得。

案例点评

一、注重顶层设计，课程规划有体系

“Progress·成长”英语课程以英语学习促进学生全面发展，优先进行课程的顶层设计，课程建设、实施和学习反馈一体化推进，各个环节同时建设，突出了课程设计的系统性。课程开发首先从课程的顶层设计入手，在进行具体实施之前，先构建了较为完整的课程框架，包括课程目标、课程内容、课时设置以及课程实施和评价方案，并设计了“英语学习规划”这一贯通课程，将课程实施的各个环节置于整体评价整体推进的过程中，突出了课程设计的系统性和整体性。

二、把握学科特点，课程实施有创新

“Progress·成长”英语课程是多领域、多主题、多层次、可选择的课程。课程价值定位突出成长，尊重学生的差异需求，把握学科本质，注重在英语学习的内容及方式上不断拓展深度与广度，强调实践、体验、参与的教学理念，实现国家课程和校本课程的整合。学校整体建立了包括进阶阅读、进阶说唱、进阶视听、成长戏剧社、天坛课程、前门课程、游学课程、英语学习规划、金童电视台(英)、金童小记者站(英)三个层级，共10个门类的英语校本课程。在实施过程中，给学生提供了内容分级、主题多样、修习方式可选择的课程资源；形成了校本阅读课程模式，说唱教学和视听教学模式，以及以天坛课程为代表的实践活动课程模式。

三、凸显学生主体，结合校本有特色

“Progress·成长”英语课程将发展学生的自主学习能力作为课程目标之一，课程的设计与学校“自主教育”特色培养目标保持一致，与学校的办学愿景相呼应。确立专门的英语学习自我规划课程，并将课程的实施贯穿于学生整个学习过程。研制形成各类型的课程评价方式和内容，如：进阶阅读形成性评价量表、进阶说唱形成性评价量表、进阶视听形成性评价量表、天坛课程实践活动评价表等。

四、密切结合实际，实施探索有路径

“Progress·成长”英语课程学时设置灵活，长短课时结合。根据课程内容、性质、实践频率进行长短学时的安排，例如，进阶阅读课，设计为长课时35分钟，因为阅读活动的开展需要给学生提供一个充足的学习时间，既要保证教师阅读活动的指导，又要保证学生能有进行个体阅读的时间。除了阅读35分钟，还设计了1～2次、每次7～8或10分钟的SSR阅读时间，保证学生能有一定频度的自主阅读时间，促进学生阅读习惯的形成。

撰稿人：闫萍

点评专家：王建平

案例二：“I”课程，爱英语

案例简介

北京第二实验小学是一所拥有百年历史的名校，有着厚重的文化积淀和悠久的教育传承。学校以“双主体育人”为办学理念，以“学森课程”为实施载体。英语学科在学校“学森课程”体系的整体构建中以全人发展为目标，局部整合、拓展或综合了国家课程、地方课程、校本课程等多种课程，开发、构建了英语学科“I”课程。该课程以校本化的实施思路链接《课程标准》，突破学科局限，统整课程资源，找准课程建设与学生成长需求的契合点。

案例分享

一、"I"英语课程建构背景

1997年，学校确立了"双主体育人"的办学理念。"双主体"即学生是学习活动的主体，教师是教育工作的主体。两个主体在不同的层面，通过自育、互育，协调互动、共同发展。同时，学校提出"以爱育爱"、"以学论教"的核心理念和"以参与求体验"、"以创新求发展"的实施路径。经过多年的探索与实践，逐步形成了独具特色的教师、学生、课堂、课程等"九大文化"，努力实现"使每一位学生都获得全人发展"、"使每一位孩子都获得价值体验"、"使每一位孩子都有所进步"、"使每一个元素都参与到课程建设中来"的课程总目标。"学森课程"作为学校的总课程，课程文化倡导"个性、超越、未来"，倡导课程既要站在今天，还要着眼未来，力求为学生的终身学习和发展夯实基础。

英语学科在学校"学森课程"体系的整体构建及发展中，积极探索本校"课程不是一个长期不变的模式，要不断地探索与超越"的要求，始终在课程改革理念引领下立足实践。在学校"双主体育人"的办学思想指导下，学校英语学科基于课堂教学，力求改变"英语课堂学生学习兴趣低，教师以课本为主，让学生一遍遍跟读课文录音，反复读记单词、句式机械式训练"的教学问题和现象，做系列课例研究、做小问题专题研究，经过多年的实践研究提出了"学习就是活动"的学科教学理念，让学生通过英语学习活动，逐步掌握英语知识和技能，提高英语语言运用能力，拓展学生的视野，发展学生的思维。"学习就是活动，因为活动，学生的积极情感被激发；因为活动，学生的视野得到拓展；因为活动，学生的知识体系得到内化和应用"，这也是对《课程标准》核心理念的有效落实，在抓基础、重能力的学科改革中有效带动了学校英语学科的发展。

在核心素养导向的新一轮课程改革的深化过程中，学校倡导学生的"全人发展"。基础教育阶段的英语教学，通过英语学习促进学生的全人发展是新一轮课改赋予教师的使命。《普通高中英语课程标准(2017年版)》提出培养学生英语学科素养，即：语言能力、思维品质、文化品格和学习能力。学生核心素养的构建以培养全面发展的人为目的指向，作为素养实施的重要载体或媒介，学校课程的愿景或终极目的也应基于此而确立。据此，我校的英语学科在学科建设与发展上从只关注活动的教学的改进进入到课程视域下的学科课程整体改进，走向“I”课程的构建。

二、“I”英语课程体系

(一)“I”英语课程开发的内涵解读

北京第二实验小学倡导学生的“全人发展”。儿童的发展大致可以从两个角度来看：认知发展，可以看作是“人”字的左撇；个性和社会性发展，也称之为非认知发展，可以看作是“人”字的右捺。一撇一捺，组合成了一个完整的“人”字。

图 4-9 “I”英语课程内涵解读示意图

左撇作为育人的认知系统，最核心的就是要培养孩子的思考能力。也就是要通过对知识的学习达到认知，掌握学习的方法，从而上升到方法论和价值观，形成一种认知结构，最终形成一种思维品质。

右捺代表人的德行品质，它是学生发展的动力系统，是在孩子的社会化过程中完成的。社会化的关键在于学会做“人”，社会化的过程离不开人与人之间的交往。孩子的发展切不可只关注认知部分，不可偏废或忽视了对孩子与人交往能力的培养。

朝着全人发展的培养目标，学校的英语课程命名为“I”课程。英文字母 I，与中文“爱”字同音，诠释了学校“以爱育爱”的理念；同时英文字母 I，是“我”的意思，在学校“双主体育人”的理念下，大家都力争做“最好的我”。这个“我”，既代表学生，又代表教师。希望在爱的理念引导下，在“I”课程的实施过程中，学生能爱上英语学习，老师能爱上英语教学，每一个个体都能在“爱”的理念引导下，做到全人发展。

(二)“I”英语课程的培养目标

北京第二实验小学“学森课程”总目标是使每一位学生都获得全人发展，使每一位孩子都获得价值体验，使每一位孩子都有所进步，使每一个元素都参与到课程建设中来。这也是学校对教育理想境界——因材施教的最好诠释。

基于学校课程目标的设定，“I”英语课程从培养学生的语言能力、思维品质、文化品格和学习能力这四个方面设立了培养目标。在语言能力培养上，学习语言知识，培养语言运用能力，培养有长期英语学习兴趣的“二小人”。在思维品质培养上，培养学生的问题意识，加大思维含量，提高语言思维能力，从而培养会思考、有创造力的“二小人”。在文化品格培养上，拓展学生的文化视野，增进文化理解，培养具有国际视野的“二小人”。在学习能力培养上，让学生掌握学习方法，参与学习实践，夯实学习习惯，培养会终身学习的“二小人”。

三、“I”英语课程类别及内容

(一)“I”英语课程内容

依据学校“学森课程”体系，我们构建了“I”英语课程体系，该体系分为三个层次：基础类、拓展类、活动类。

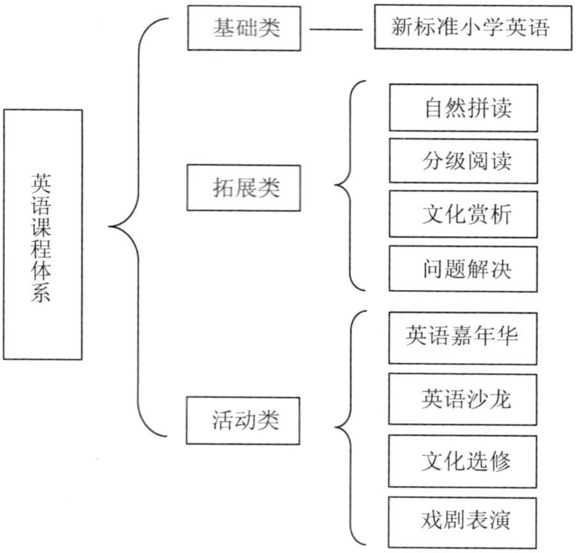

图 4-10 “I”英语课程类别及内容示意图

(二)“I”英语课程类别

1. 基础类课程

基础类课程以外语教学与研究出版社出版的《新标准小学英语》为主要教材，目的是使低、中、高年级的学生能够在语境中学习语言知识，掌握基础的语言技能，从而提高他们初步学习的能力。

2. 拓展类课程

根据不同的学习方式和组织形式，拓展类课程可以分为根据自然班组织教学的外教口语、自然拼读和分级阅读以及学生自选走班上课的平行选修课和文化选修课。第一类拓展课程以《瑞格叔叔自然拼读》《典范英语》《攀登英语》《大猫分级阅读》及相关话题作为课程实施教材，培养学生的语音语调、发展学生的语言能力，拓展学生的思维品质。第二类拓展课程主要采用自主研发的校本教材，根据主题选取学生感兴趣的几个方向设置平行选修课，内容包括文化赏析和问题解决，旨在培养学生的思维能力、合作学习的能力、解决问题的能力，开阔学生的国际视野、增强跨文化交际能力。

3. 活动类课程

活动类课程主要由英语嘉年华、英语沙龙、戏剧表演、国际交流活动等课程构成。在英语嘉年华活动中，各年级每学期开展内容丰富、形式多样、妙趣横生的英语活动，如低年级的“故事大王就是我”、“英文歌曲表演”，中年级的“英语趣配音”、“课本剧表演”，高年级的“辩论赛”、“主题演讲”。英语沙龙则是高年级学生自主组织的不定期主题活动。在活动中大家分享经验，共同交流，开展过的主题有“西餐中的礼仪文化”、“国外的学校”等。在活动课程中，不同年级的学生都能在活动中以参与求体验，通过合作、探究等方式，进行语言学习与运用、文化理解与交流，在活动中提高英语语言运用的能力，真正促进文化理解与交流，扩展视野，为全人发展打好基础。

表 4-7　“I”课程框架与安排表

课程层次	课程内容	课程安排	学习方式	教学方式
基础类	新标准小学英语	每周 2 课时 每课时 35 分钟	三段式 主题式单元	自然班授课
拓展类	外教口语	每周 1 课时 每课时 35 分钟	情境式学习	自然班 知识学习和方法指导相结合
	自然拼读	每学期 10 课时 每课时 35 分钟	情境式学习	故事教学

续表

课程层次	课程内容	课程安排	学习方式	教学方式
拓展类	分级阅读	每学期10课时 每课时35分钟	情境式学习	故事教学 策略培养
	平行选修	每学期1～2次	合作学习	走班制 教师指导与学生合作学习相结合
	文化选修	每两周1次 每次70分钟	比较学习	教师讲授与学生小组合作相结合
活动类	英语嘉年华	每学期1～2次	探究式学习	教师指导 家长志愿者支持 学生自发
	英语沙龙	每学期1～2次	探究式学习	教师指导 家长志愿者支持 学生自发
	戏剧表演	每两周1次 每次70分钟	体验式学习	教师指导 学生体验
	国际交流	每学期1～2次	项目式学习	基于项目的跨学科指导和学习

四、“I”英语课程实施的策略

英语“I”课程体系是学校全体英语教师在《课程标准》的指导下，根据学校“双主体育人”的教育理念，遵循英语语言学习的规律，结合学校整体课程建设思路和英语课时安排，经过长期摸索，逐步建设起来的有层次的课程体系。在课程的实施过程中，该体系逐步形成和彰显出以下特色。

（一）突出主体，师生发展求真

依照《课程标准》和实验二小《“双主体育人”实施手册》的相关指导，我们在英语课程建设和实施中，始终坚持“双主体”的原则，即：学生是学习活动的主体，教师是教育活动的主体，设计课程，整合资源，逐步形成具有实验二小特色的、个性化的校本课程体系。“I”英语课程体系是在活动式教育模式下生生、师生互动中逐步建设起来的。

1．从学生发展出发，设置教学内容

英语课程的改革，除了宏观和策略层面的革新外，还包括操作层面的具体实施。学校教师努力落实新课程理念，根据学生的实际情况进行日常的教学活动，从学生认知和发展特点出发选择、充实教学内容，在“I”课程中为学生提供了多模态的英语语言体验。

表 4-8　“I”课程部分项目内容

一年级			
项目	I Watch	I Listen	I Feel
内容	观看英语动画片和视频，把看和说紧密融汇在一起，通过卡通形象，营造足以使孩子们理解、接受所学内容的环境，使孩子在观赏动画片的同时，轻松自然地学会日常英语会话，培养“语感”，提高和改进孩子的语音、语调。	1．通过学习大量的歌曲、童谣磨耳朵，让孩子喜欢学英语、乐意听说歌曲、歌谣。 2．选择朗朗上口、易学易记的歌曲、童谣，能很快让孩子熟悉英语的发音方式和韵律节奏，迅速实现输出。 3．课上听故事，听懂老师针对内容的讲解和提问。 4．在家坚持听力自主练习。	1．通过组织有关节日的体验活动，让孩子初步了解中、西方节日的历史背景，体验不同的文化，增长自身内涵。 2．学唱与节日相关、朗朗上口的歌曲。 3．学习与节日相关、简单易懂的小故事。
三年级			
项目	I Act	I Retell	I Link
内容	1．语篇情境性较强，直观有趣场面感强，易于学生理解记忆。 2．语篇有对话性和逻辑性，学生之间话语动作互相推进，易于展开表演。 3．语篇有多个角色，且角色话语量分配相对平均，鼓励不同水平的学生踊跃参与。	1．准确地对文本进行无人称转换复述，教师给予图片和关键词提示。 2．每节课先集体复述，按照有图有完整句、有图有不完整句、有图有关键词、只有图片的顺序逐步练习。	1．中心词汇易于学生发散和联系生活实际，在该模块学习中，开展小组思维导图制作和展示。 2．在以集体名词为主题的单元学习中，教师梳理词汇；复习课时，同伴对比导图互补互助学习。 3．在阅读教学中，要突出主题，提炼重要内容、理清层次、梳理文章结构。

随着国际交流的日益频繁，实验二小开设了“当东方遇到西方——中西方文化比较认识”选修课，旨在帮助学生加强对本国文化和异国文化的了解，增强对文化差异的理解和接受，培养他们跨文化交际意识，提高跨文化交际能力。随着戏剧课程走进学校教育，又适时地引进外教资源，开设了“英文戏剧表演”选修课。多层次的课程设置，多维度的学习方式，已经远远超越了教材、超越了课堂、超越了教师。

2. 从教师发展出发，追求教学创新

“I”课程的具体实施，对教师提出了更高的要求。教师需要加强自身的学习，不断研究教学、研究学生、研究课程，“以创新求发展”。首先，鼓励教师在课程建设中锐意改革、大胆创新。这些年来，教师们集思广益，不仅保留和发展了课前“精彩两分钟”、“故事大王”等传统活动，还创新了英语沙龙、Spelling Bee、英语游园、英语戏剧展演等各项活动，使校园英语活动越来越丰富多彩。英语课程逐步突破学科局限，和学校的“主题研究课”、“平行选修课”、“文化选修课”等课程相结合，不断发展出跨学科的课程内容。

“以创新求发展”不仅要求教师在课程建设中敢于创新，更要求把对学生创新意识、创新精神和习惯的培养融入到课程设置中，让他们敢于发表见解、勇于质疑、勤于思考、善于探究。据此，学校要求教师在课堂上要“勇敢地退，适时地进”，给学生更多的参与机会，同时注意引导学生不断生成问题，解决问题，培养学生“求真”的探索精神。

此外，还强调教师的“课中研讨”，鼓励教师给自己的教案“开天窗”，鼓励教师及时追记和反思教学，把课堂中的精彩之处和出现的问题记录下来，积累经验，进一步指导教学。

（二）以学定教，目标确定求实

英语课程具有重要的育人功能，从发展学生的语言能力、文化品格、思维品质和学习能力等英语核心素养，落实立德树人的根本任务出发，学校首先“以学定教”，分年级和学段确定教学目标。“以学定教”有两层含义：一是以学生发展的需求来确定教师教的内容、起点和过程；二是以学生发展的质量来评价教师教的效果和水平。这就强调了课程建设应该为学生的未来发展奠定基础，教学目标需要求实并且多维化。

以下选取一、三、五年级“I”课程部分项目的实施目标，说明“I”课程中低、中、高三个年段的目标设置。

表 4-9　“I”课程部分项目实施具体目标

一年级			
项目	I Watch	I Listen	I Feel
目标	1. 激发学生学习英语的兴趣。 2. 能在图片或动画的帮助下听懂、理解故事情节。 3. 通过视听积累、扩充听力词汇量。	1. 能根据听到的词语识别或指认图片或实物。 2. 能在图片和动作的提示下听懂简单的小故事并做出反应。 3. 能听懂简单的配图小故事或歌曲，能听懂课堂活动中老师简单的提问。 4. 能听懂常用指令和要求并做出正确反应。	1. 在体验节日的趣味中学到相关的英语知识，锻炼英语交际能力。 2. 提高英语学习的趣味，感受语言学习的乐趣，对英语学习中接触的外国文化习俗感兴趣。 3. 通过学习英语了解世界文化，培养世界意识。
三年级			
项目	I Act	I Retell	I Link
目标	1. 通过图片观察、肢体语言与口语表达相结合、专注观演，帮助学生提高倾听能力、注意力、观察力。 2. 借助小组优长互补，提高合作能力和自信心。	1. 通过复述培养学生归纳总结、提炼信息的能力。 2. 掌握复述技巧，做到有话可言，言之有序。 3. 通过复述，锻炼学生准确转述，灵活运用语言的能力。	1. 通过思维导图，帮助学生梳理与主题相关的词汇，提升学生总结、对比、分类筛选信息的能力。 2. 借助导图发散性特征，促进学生新旧知识连接、互融巩固。 3. 激活语言学习过程中探索式、挖掘式的高级思维模式。

五年级				
项目	I Sing	I Read	I Act	I Discuss
目标	1. 每个学期在学习课本内歌曲的基础上，另外学习4～5首补充歌曲。 2. 通过学习歌曲，学习一些语言表达方式。 3. 在唱歌中，提升对英语学习的兴趣。	1. 掌握基本的阅读方法，如skimming，scanning。 2. 能够在课堂“分享阅读”时进行对故事的预测，根据图片或上下文猜测生词含义、复述故事等活动。 3. 能够独立阅读适合自己水平的绘本或章节。	1. 能够在学完课文或故事后进行表演，能够在表演时添加或改编一些语言。 2. 喜爱表演的学生能够自行创编或表演课外的英语短剧。	1. 能够用英语就一个问题进行课堂讨论，生生互动。 2. 学习如何用英语组织课堂讨论。

从以上列举的三个年级部分项目教学目标可以看出，目标的设定既充分考虑到了语言学习的渐进性和持续性，也考虑到了相应年级学生的认知水平和能力。以“I Act”项目为例，低年级学生主要是通过观察图片、视听累加等感知语言内容，体会语言意义。到了中年级，学生通过在内容和动作之间建立关联，初步把意义通过表演的形式展现出来。而在高年级，学生在感知、展现的基础上，要加入自己的思考和理解，进行有意义的创编。在这样持续的过程中，学生不仅学习了语言知识，发展了语言能力，也逐步提升了思维品质。

（三）活动贯穿，以参与求体验

实验二小的课堂文化要求课堂上以学生为根本，教学活动要紧紧围绕“学生主体参与”进行。因此在课程实施过程中，我们特别注重学生的“以参与求体验”。“以参与求体验”要求为每一位学生提供参与活动的机会、足够的参与空间与时间、宽松的参与环境。这与英语学科“活动即学习”的理念异曲同工。为此，我们不仅设计了很多活动类型的课程，在基础课和拓展课程教学中，也设计了很多活动项目，让学生有机会在过程中体验，在体验中成长。

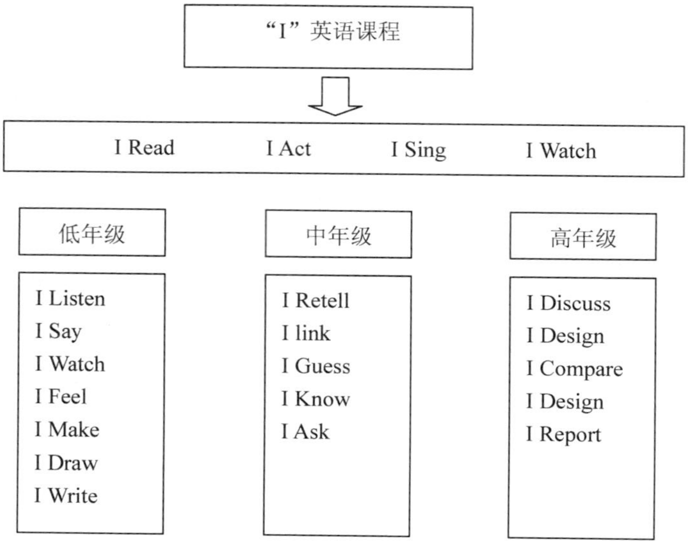

图 4-11 “I”课程实施的方式示意图

根据英语语言知识与技能的习得特点和规律，我们有从一年级到六年级分低、中、高年级贯穿的培养目标：I Listen，I Watch，I Sing，I Read，I Act. 不同阶段的学生参与相应层次的活动。低年级阶段根据教材主题补充大量的英语绘本和歌曲童谣，帮助学生初步感知英语的音韵、词汇和图片的意义关联等；中年级从绘本阅读逐步加入小短文、应用文阅读，并逐步渗透阅读方法；高年级则在阅读过程中培养阅读与提问能力以及阅读与写作能力。

表 4-10　"I"课程部分项目实施方式与具体内容

一年级			
项目	I Watch	I Listen	I Feel
方式	1. 课堂观看部分片段，时间短的影片观看整集。 2. 课堂上观看歌曲视频并学唱。 3. 电视台展演。 4. 在家里观看，复习巩固。	1. 课堂上教师尽可能用英语教学。 2. 课堂上借助表情、肢体动作、手势帮助学生听懂课堂用语。	1. 课前鼓励学生尝试查找相关资料。 2. 课堂上教师、学生互动讲解，学唱节日相关歌曲。 3. 组织学生参加相关节日活动。 4. 英语电视台欣赏。 5. 节日展演。
三年级			
项目	I Act	I Retell	I Link
方式	1. 课堂英语精彩两分钟展示。 2. 每课文本小组排演展示。 3. 班级间优秀表演小组换班展示。 4. 电视台展演。	1. 课堂英语精彩两分钟展示。 2. 班级故事演讲。 3. 班级故事创编接龙。 4. 节日展演。	1. 课堂英语精彩两分钟展示。 2. 年级集会优秀作品展示。

同时，考虑到学生的年龄特点、语言水平等因素，课程针对同一目标有不同级别的设定，如在语言知识的输出方面，对低年级学生的定位是 I Say，能够重复、模仿和进行简单的表达；中年级是 I Retell，学生能够在理解的基础上借助图片或提示语进行复述；高年级是 I Report，学生能够结合已有知识和经验进行展示。

表 4-11 "I"课程实施级别设定

	语言输出	自主探究方式
低年级	I Say	I Draw
		I Make
中年级	I Retell	I Link
		I Guess
高年级	I Report	I Discuss
		I Design

在语言知识和能力的培养途径上，对于低年级学生的定位是 I Draw，I Make，学生更多的是在"做中学"，通过活动体验语言内涵；中年级的定位是 I Link，I Guess，I Act，学生通过归类、利用组织结构图等方式进行知识梳理，尝试筛选有用信息并分类、对比，发展思维能力；高年级的定位是 I Discuss，I Design，学生就某一话题或主题开展讨论、独立绘制思维导图、制作各种小报，书写简单的读书心得，开展英语沙龙活动等。

在文化渗透方面，对低年级学生的定位是 I Feel，如通过学唱节日歌曲，品尝节日菜肴，欣赏节日影视作品等方式体验有关节日的文化；对中年级学生的定位是 I Know，比如学生可以通过各种渠道了解有关节日文化的知识，通过海报等方式分享；对高年级学生的定位是 I Compare，如学生通过对西方文化和本国文化的节日对比，扩大国际视野，增强国际理解，储备跨文化交际的素养。

五、"I"英语课程评价与效果分析

课程评价不仅可以使学生得到反思和发展，学会学习，也可以促使教师进行反思，进而改进教学，真正实现"以评促教"。

（一）课程评价设计

"I"课程体系中，课程评价体系设计本着开放、多元、发展的原则，从传统的评估学生的语言知识转变为评估学生的语言学习技能、综合学习能力乃至其他行为或社会技能。具体做法如下。

1. 让学生成为评价活动的主体

在实验二小"双主体育人"的教育理念中，学生是学习活动的主体。这一"双主体"的观念也延续到"I"课程的评价设计中，即学生也是评价活动的主体。

首先在课堂上，鼓励学生参与课堂评价活动，进行生生互评乃至师生互评。为了帮助学生准确运用评价用语，课程从低年级开始，在每学期开学为学生印发《学习指导》，选取一些课堂评价用语，循序渐进地指导他们有针对性地对自己和同学的课堂活动进行评价。以下为五年级课堂评价用语。

You're special. 你不一般。

Well done/ Good job! 干得好。

Fantastic! 太棒了。

Nice work! 做得不错。

You're flying. 你进步了。

Beautiful work! 做得漂亮。

I like your work. 我欣赏你的发言。

Your pronunciation is very good. 你的语调很好。

You used new sentences/words. 你用了新的句型/单词。

You spoke fluently. 你说得很流利。

You performed well. 你们表演得很好。

You read very clearly/loudly. 你读得很清楚/宏亮。

You cooperated well. 你们的合作很棒。

其次，在具体教学过程中，通过教学设计让学生自己评价学习状况，以便做出反思、调整后续的学习方法。比如在基础课程有关动词过去式项目的学习之后，学生利用自我评价表格了解自己在这个单元的学习中对于关键内容的掌握情况。

表 4-12　动词过去式项目学习自我评价表

内容	完成情况		
1. 我能通过课本上和课上所做的练习，发现 help/helped，wash/washed，finish/finished，clean/cleaned 的变化规律。	A. 比较容易	B. 略有困难	C. 比较困难
2. 我能在学完这课后，知道什么情况下要用动词加-ed 的形式。	A. 十分准确	B. 偶有错误	C. 较多错误
3. 我能用动词加-ed 的形式描述自己和别人以前做的事情。	A. 能说出 5 个以上的句子	B. 能说出 2～4 个句子	C. 能说出 1 个句子

2. 注重形成性评价

“I”课程评价注重对学生的形成性评价，形成性评价占学期末终结性评价的50%，其中包括课堂参与(20%)，作业(10%，包括日常作业及长作业)，参加英语活动及基本功测查(10%)以及单元测试(10%)。

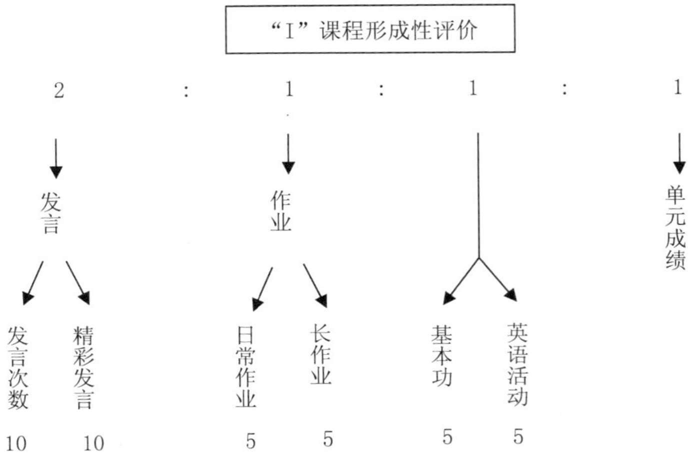

图 4-12 “I”课程形成性评价构成示意图

针对形成性评价的构成，各年级还设计了具体的评价活动与内容。

表 4-13 “I”课程部分项目评价设计

一年级			
项目	I Watch	I Listen	I Feel
评价	1.“英语故事大王”评比。 2. 电视台英语表演展示。 3. 学生精彩两分钟。	1. 英文歌曲演唱大赛。 2. 电视台英语表演展示。 3. 学生精彩两分钟。 4. 期末英语歌曲、童谣大比拼。	1. 电视台英语表演展示。 2. 学生精彩两分钟。
三年级			
项目	I Act	I Retell	I Link
评价	1. 学生精彩两分钟。 2. 班级戏剧表演大赛。 3. 电视台英语表演展示。	1. 电视台英语表演展示。 2. 学生精彩两分钟。 3. 班级故事演讲赛。	1. 词汇接龙赛。 2. 创意图展。

续表

五年级				
项目	I Sing	I Read	I Act	I Discuss
评价	英语好声音比赛，优秀个人或团队可上校电视台展示。	1. 课堂实时评价。 2. 评价学生阅读课后提交的作业。 3. 根据学生每月完成阅读日志的情况进行评价。	1. 课堂表演实时评价。 2. 英语好声音比赛优秀个人或团队可上校电视台展示。	1. 课堂实时评价。 2. 评价和奖励组织沙龙的学生。

3. 设计合理、有效的测试活动

测试是“I”课程中对学生综合评价的有机组成部分。它不是一个结果，而是持续学习过程中的一个片段。测试试卷科学、严谨、有效、可信是对学生的尊重，也是对教师自己的尊重。

随着年段的提升，学生的认知能力、理解能力、对语言的运用能力也在不断提高，因此在学生的阶段性学业测试设计上，课程充分考虑到了不同年级测查试题的整体性、层次性和发展性。为了实现这一目标，设计出合理、有效的测试，研发团队对预定测试对象学习的前后阶段教学内容做了总体的把握；其次，对具体测试阶段的重点内容做到心中有数，在设计中，注重测试学生的语言内容，考虑对学生的实际语言运用能力(听、说、读、写技能)、语言学习能力(使用工具书的能力、猜测生词的能力、元语言的能力等)、综合学习能力(找到未知信息的策略、分辨已知和未知事物的能力等)乃至其他行为或社会技能进行测试。

(二)课堂实施的效果评价

英语“I”课程内容多元、多层次，关注学生主体，注重形成性评价，注重学生的“全人”发展和终身学习能力。全体英语教师经过一段时间的努力和实施，使课程在以下几个方面取得显著成效：

1. 学生参与学习的主动性提升、英语学习氛围浓厚

在各个层次的课程实施中，学生课堂参与度得到提升。在教师的引导下，学生的问题意识和质疑能力都得到了发展。活动课程的英语嘉年华活动还引入家长志愿者资源，让教育活动的重要三方：学生、家长和教师都以饱满的

热情参与到教学活动中来。高年级的英语沙龙，有越来越多的孩子申请参加，也有了更多的观众。在课本剧表演、故事大王比赛、发现好声音等活动中，学生都踊跃参加，精彩不断。

2. 学生在综合语言素养、学业水平上都有很大程度的提高

经过一段时间的实施，学生的综合语言运用能力得到提升，学习方法和习惯有所改进，文化视野更为开阔，思维品质得到发展。在每学期的期末测查中，学生的学业成绩在区里都名列前茅。在接待外宾、南极科考连线活动、赴纽约和罗马参加模拟联合国全球青少年峰会等活动中，他们也都展示出了良好的英语素养。

3. 教师的教学水平和科研能力得到提升

丰富多彩的“I”课程为学生提供了更多的选择，更广阔的视角，在设计这些课程的过程中，教师的教学水平和科研能力也得到了长足的发展。各教研组都针对阅读教学展开研究，同课异构、设计阅读任务单。平行选修课从主题的确定到内容的选择，再到课程的具体安排都要求共同研讨和决策。教师们还以“I”课程建设为契机，积极主动地参加了各级、各类研究课、展示课，不断提升教育教学水平。

4. 教师有关评价方面的研究意识增强，能力不断提高

“I”课程将学生纳入评价体系，整体上注重形成性评价的要求，促使教师不断加强相关内容的探索和研究，在教学过程中不断反思和改进。教师评价方面的研究意识增强，能力不断得到提高。

在“I”课程开展过程中，学校、学生、教师都得到了发展。为了更好地完善“I”课程体系，使学生能够有更多真实的获得，结合实施过程中发现的问题，研发团队有以下思考与反思。

(1)如何提升课程的科学性和渐进性

一个学校的课程建设是一个综合的、系统的工程，应该有更专业的指导和帮助。在“I”课程建设中，如何将年级、学段研究开发出来的课程目标、内容和具体实施方式建设成为一个符合学生认知发展特点的、循序渐进的、有层次的系统工程，这个问题一直困扰着我们。在这方面，急需得到课程专家和学科教育专家的引领和指导。

(2)课程评价如何更有效地纳入学生

评价的一个主要目的是为了帮助学生学习，它不仅是一个评估过程，更是一个教育过程。因此，理想的状态是能够让学生主动进入到评价中来，通过评价意识到自己的进步或问题，从而改变学习态度、改进学习方法。在这方面，我们还需要在课程实施过程中更新评价观，改进评价方法和机制，给学生提供更多的参与空间，尝试把评价的责任变成大家的，让评价不唯一、不唯师。

案例点评

随着《中国学生发展核心素养》的颁布，越来越多的教育工作者意识到"全人教育"的重要意义。"全人"，顾名思义，就是全面发展的人。"全人教育"不仅注重对孩子知识方面的培养，还关注孩子的人格发展，强调每个人的智力、情感、社会性、艺术性与创造性的全面挖掘，鼓励跨学科互动与知识的整合。在学生学习英语的过程中，我们不仅要重视他们的语言输出、跨文化交际能力，更要重视他们的全人素养，例如，对民族文化的自信心，思辨能力，创造能力等，这些方面是否能在英语课程中加以落实，是课程设计中需要考虑的。

北京第二实验小学的"I"课程开发，正是在这样一个大的教育改革背景下产生的。"I"课程倡导的就是学生的全人发展。课程分为基础类、拓展类和活动类三类课程。这三类课程的开发，均考虑了"全人教育"这一培养目标。通过课程的学习，学生能够在了解不同文化的同时，加深对中国传统文化的认识和认同，提升自己的文化自信心。当然，也能够在思维水平和创新能力上有所突破。

一、戏剧课中的学科融合

活动课程中的英语嘉年华、英语沙龙、戏剧表演、国际交流活动等，都打破了常规学科课程的逻辑框架，从问题和主题出发，在活动过程中将不同学科的知识、能力整合到活动的开展过程中。例如戏剧课程，学校依托英国专业团体从学生中招募英语学习并不优秀，因为各种原因没有参加其他社团活动的学生，从最基础的领域进行训练。学生们要像上体育课一样进行形体训练，像上音乐课一样进行发声训练，像上英语课一样进行语言训练。经过三个月的课程学习，这些学生多个方面都有了显著的变化，更加自信了，更加愿意展示自我了，更加愿意与人合作交流了，正像他们排练剧目的名字《蜕变》一样，完成了自我的超越与提升。

二、英语沙龙课中的问题解决

活动课程提供给学生的是一个丰富多彩的、广阔的、充满弹性的开放生活空间。学校在内容的选择上，在活动主题的确定上有很大的自主性，可以根据教学目标进行多样化的选择。活动的组织方式也具有灵活性。例如，学生自主开展过“西餐中的礼仪文化”、“国外的学校”等主题活动。教师也尝试过使用研究性学习的“问题解决”模式，和学生一起探讨“如何更加智慧地使用智能手机”。在这个主题活动中，学生通过讨论手机使用的真实案例，分享自己对手机使用的具体体会，并且给其他同学提出一些使用建议。在活动最后，大家都意识到手机使用出现的问题，问题不在手机本身，不在社交平台本身。课程的学习与学生生活中的真实问题结合起来，与问题解决结合起来，保证了学生有真正的获得。

三、平行选修课中的文化比较

语言是思维的载体，是文化的载体。在实验二小开设的平行选修课中，提高跨文化交际能力的“当东方遇到西方”是最受欢迎的课程之一。在这门课程中，谈到了中国的长城，并与其他国家用来抵御外族入侵的城墙对比；谈到了中国文化中的龙，并和西方神话中龙的含义做了比较。还谈到了西方经典电影中中国文化符号的例子，例如动画片《功夫熊猫》中大量的中国元素。通过这门课程的学习，学生可以学习不同国家的文化，了解文化的多元性，从而能够尊重不同的文化。学生还能够进行简单的文化比较，加深对中国本土文化的认识，增加文化自信。

撰稿人：王培荣 曹玉兰

点评专家：郭玮

案例三：Colorful English 绘多彩童年

案例简介

北京市朝阳区第二实验小学积极探索校本课程的设置与开发，英语学科基于学校“多彩童年”的办学理念构建了 Colorful English 课程体系，以“多彩·多元·多快乐”为课程建设及发展方向，以课程类型多样、教学目标多元、学生获得更多快乐为目标，课程分为“打基础、促兴趣、展个性”三个层级，分为 BB Class、PP Reading、NN Task、AA Club、EE Drama 和 CC Show 六大课程群落助力学生多彩童年。

案例分享

一、课程建构的背景

我校始建于 1953 年 10 月，现有五校区七校址，141 个教学班，330 多名教师，5200 多名学生，是基于集团化办学、快速发展中的一所小学。学校以“多彩童年”为核心理念，使每一个学生在德智体美诸方面得到充分发展，为每一个学生的未来打基础、做准备、涂底色。

近年来，学校英语学科以促进学生语言能力发展为目标，为给学生英语学习打基础，初步形成了以学生为主的主动式学习，让学生可以自主地表达观点、提出疑问，并在教师的适当引导下解决问题。此外，学校还开展了英语绘本阅读、英语戏剧社团、英语文化节等活动，让学生在课外活动实践中理解和学习知识，激发学习兴趣，提高学习效率，促进学生语言综合运用的能力。学校整体的英语水平也在逐年提高。

随着新课程改革的不断深化，教师在课程改革与保障课程实施成效方面的主体性地位愈加凸显。从教学与课程的关系看，教师不能只成为课程的实施者和执行者，更应成为课程的建设者和开发者。学校英语教师团队结合孩子身心发展的个性特点，创造性地整合各种资源(英语绘本、戏剧表演和英语文化活动)，把孩子生活中的一切教育因子编织成多彩课程，力求给孩子们丰富的体验，引领孩子们走向广阔的世界，为孩子们亮丽的人生不断增色。

课程是推进学校特色建设的有效途径，是促进学生成长、实现育人目标的重要载体。实施多样化的课程，不仅能促进教育教学方法的多元化，还能促进学生全面、快乐、个性化发展，让每一个孩子都拥有多彩的童年，绽放生命的精彩。为此，学校结合“多彩童年”的办学理念，以“多彩·多元·多快乐”为课程建设的核心理念及发展方向，以儿童多元智能理论、建构主义理论、新课程理念为指导，整体构建朝阳第二实验小学 Colorful English 课程体系，逐步形成了英语教学品牌，助力学生的多彩童年。

二、课程体系的设计

(一)课程目标

1. 课程建设多元目标。Colorful English 英语课程体系是依托学校“办孩子们喜欢的学校，让孩子享受多彩童年”的整体办学理念，形成类型多样、多彩的英语课程体系，满足不同学生的发展需求。课程基于学生语言能力发展，注重体验和实践，帮助每个孩子找到适合自身的学习方法，让孩子们享受学习英语的过程，体会学习英语的快乐。

2. 学生发展目标。Colorful English 英语课程体系力求带给学生积极的情感体验，促进学生的认知发展，形成良好的性格、品格、意志和交往合作精神，同时开阔学生的视野，使他们了解不同文化间的差异，形成开放、兼容的态度和价值观，促进思维和语言的共同发展。

3. 教师发展目标。“多彩·多元·多快乐”课程的建构能够提升教师的教学和科研能力，提高教师课堂组织能力，给教师提供施展本领、展示才华的平台，促进教师专业成长。

(二)课程结构及内容

1. 课程内容及目标。Colorful English 课程分为三个维度、六大课程，用不同的颜色代表不同的英语课程，形成多彩的英语课程体系。

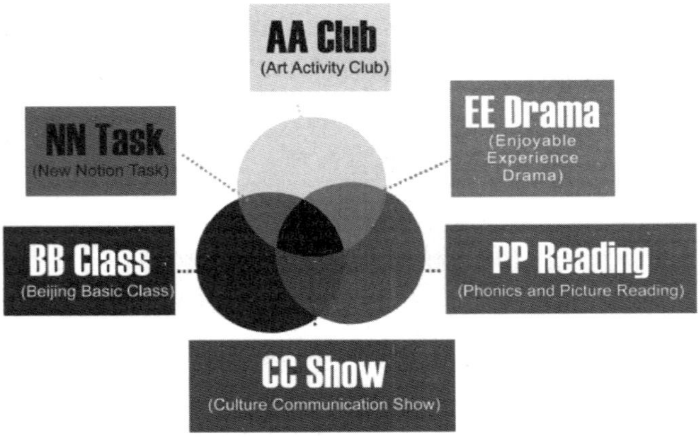

图 4-13　Colorful English 课程体系构成示意图

BB Class (Beijing Basic Class)中，第一个 B 代表学校选用的北京版教材，第二个 B 代表 Basic，是基础性课程。BB Class 课程的代表色是蓝色，象征着蓝色的海洋，旨在为学生具有国际视野打好基础。北京版英语教材是学校国家课程实施的依托，是学生英语学习的基础课程，为学生学好英语打基础。

本课程的目标强调基于课程标准教学，把“用英语做事情”落实到各单元教学中；强调语言学习过程，为全体学生达到目标要求奠定稳固的基础；强调单元整体教学，注重用语言实践活动促进学生语言能力的形成。

PP Reading (Phonics and Picture Reading)课程的代表色是红色。其中，第一个P代表拼读故事阅读，第二个P代表绘本故事阅读。PP Reading课程是Colorful English课程体系中的基础性课程。阅读在英语学习中扮演着重要的角色，尤其是对正在成长的中小学生来说，学会阅读英语不仅是他们形成语言能力的重要途径，也是促进其身心全面发展的重要基础。

本课程的目标是根据年段特点，分级设计阅读活动，帮助学生逐步养成英语阅读习惯，提高阅读能力。低年级采用Phonics Reading，中年级为Phonics and Picture Reading，高年级是Picture Reading。

NN Task(New Notion Task)课程是基于《新维度英语》教材开展的英语学科实践活动，课程代表色是Colorful English中代表生机勃勃的绿色，寓意为通过生动多样的语言实践活动，让学生在体验中成长。

该课程基于学校的国家课程实施教材，整合《新维度英语》，展开主题实践活动，课程目标是实现英语课程中三大目标的融合，即：语言交流目标、思维认知目标和社会文化目标。

AA Club(Art Activity Club)课程是Colorful English课程体系中的体验课程，代表色为黄色，象征着收获，旨在让学生在丰富多彩的英语社团活动中获得不同的体验。

这一课程强调以激发学生的英语学习兴趣为出发点，强调多感官体验，为学生更好地理解和运用语言打下基础，强调内容贴近学生生活实际、形式符合学生年龄特点。

EE Drama(Enjoyable Experience Drama)课程是Colorful English课程体系中的体验课程，代表色为橙色，象征活力，旨在让孩子们能够在英语戏剧中收获英语文学知识，提升英语表达能力和舞台表演张力，丰富感官体验。

EE Drama课程与AA Club课程和PP Reading课程相结合，目的是让孩子们能够在英语戏剧体验中培养表现力，树立自信心。课程以面向全校学生公开选择的兴趣社团形式开展，剧本包含课本剧、经典英语剧以及自编剧。本课程以激发兴趣为出发点，尊重学生意愿，确保学生主体性地位；以组别为单位，在年级社团班内进行展示；以年级为单位，在校区范围内每学期期末进行展示。

CC Show(Culture Communication Show)课程是 Colorful English 中的分享课程，以体验、分享中西文化活动为主，主要内容基于北京版课程的文化信息，并借助阅读课程进行补充，实现丰富与融合，代表色为紫色。

本课程为文化交流课程，各年级结合北京版教材基础课程的话题，补充相关的阅读绘本等材料，以 Poster Show、Talent Show 和 Festival Show 为主要教学形式。

2. 课程功能及层次。Colorful English 课程体系依据课程任务不同，分成三个不同的层次：打基础、促兴趣和展个性。

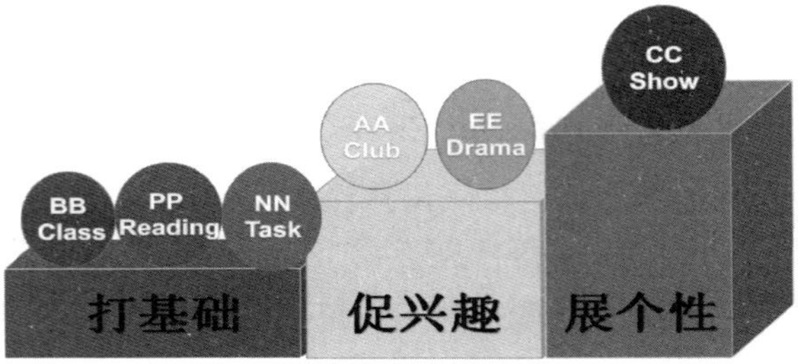

图 4-14　Colorful English 英语课程的功能与层次

三、课程实施的思路

(一)英语学科总课表

Colorful English 英语课程每学年教学时间设置为 37 周，其中实际教学时间 35 周，学校活动 2 周。

在国家课程的基础上，学校每周安排 1 学时的校本课程(40 分钟)，由外教带领学生进行 PP Reading 阅读学习；每周有 20 分钟的英语午读时间，由英语教师组织，可以集中 20 分钟，或者分散为 4 个 5 分钟进行各种阅读尝试；每周 20 分钟进行 NN Task 学习，由英语教师执教，也可由教师自主选择，两周进行一次时长 40 分钟的 NN Task 学习；每周一、三、五课后 1 小时中设置 30 分钟的英语活动时间，由英语教师执教，学生自主选择；每周有 20 分钟国家课程的延伸，由英语教师组织学生进行 CC Show 活动。具体课程课时安排见表 4-14。

表 4-14　课程周时间安排

年级	实际时间	BB Class	PP Reading（外教课）	NN Task（每周 20′或 2 周一次 40′）	AA Club/EE Drama（周一、三或五课后 30′）	CC Show
一年级	80′+40′+40′+20′+30′	80′	40′（校本）+20′（午读）	20′	30′（课后活动）	20′
二年级	80′+40′+40′+20′+30′	80′	40′（校本）+20′（午读）	20′	30′（课后活动）	20′
三年级	120′+40′+40′+20′+30′	120′	40′（校本）+20′（午读）	20′	30′（课后活动）	20′
四年级	120′+40′+40′+20′+30′	120′	40′（校本）+20′（午读）	20′	30′（课后活动）	20′
五年级	120′+40′+40′+20′+30′	120′	40′（校本）+20′（午读）	20′	30′（课后活动）	20′
六年级	120′+40′+40′+20′+30′	120′	40′（校本）+20′（午读）	20′	30′（课后活动）	20′

（二）各种课程设置安排

表 4-15

课程	选修类型	课时安排	学习内容	授课教师
BB Class 课程	必修	一、二年级 2 课时/周；三至六年级 3 课时/周	北京版英语教材	英语教师
NN Task 课程	必修	0.5 课时/周	新维度英语	英语教师
PP Reading 课程	必修	1.5 课时/周	瑞格叔叔自然拼读法 丽声拼读故事会 丽声妙想英文绘本 X 计划 大猫英语分级阅读 攀登英语	外教 英语教师
AA Club 课程	选修	30 分钟/周	英文歌曲社团 英语趣配音社团 DIY 写故事社团 自然拼读社团 英语歌谣社团	英语教师

续表

课程	选修类型	课时安排	学习内容	授课教师
EE Drama 课程	选修	30 分钟/周	经典英语剧和自编剧表演 英文经典电影动画欣赏 课本剧社团	英语教师
CC Show 课程	必修	0.5 课时/周	Poster Show 文化分享	英语教师
			Talent Show 英语节（To do the most，To show the best）	英语教师
			Festival Show	英语教师

注：1 课时为 40 分钟，0.5 课时为 20 分钟。

（三）课程实施的路径与策略

在课程建设过程中，Colorful English 课程面向全体学生，充分考虑学生的不同层次，满足学生差异化的学习需求，为学生创设更多元的英语学习方式，关注学生基础知识与技能的发展，更关注学生思维品质和社会化品格的发展，秉持着“以学生经验、社会需要和社会问题为核心进行课程整合，力求淡化学科界限，转变学习方式”的理念，基于英语实践助力学生“多彩童年”，进行课程实践。

1. 注重开放与整合，内容建构体现“多彩”

Colorful English 课程群构建的初衷是为了积极开发与合理利用丰富的课程资源，为学生的全人发展提供“多元化”的保障。在课程研究的实施过程中，为了确保课程研究的深入开展，研发团队通过必要的课程整合，整体推进课程。

对国家课程采用的北京版教材，教师从学生的实际水平出发，根据教材的内容进行相关学段纵向主题单元的整合、同册教材内相关单元间的整合和同一单元内课与课之间的整合，再适当补充一些课外资源，更加有效地利用教材，大大提高了课堂的效率。

拼读和阅读是小学阶段重点培养的两项基本语言技能。为了夯实学生的基本语言基础，教师将阅读教学和北京版教材进行整合，以巩固教材中的基本语言技能为指向，在“统一主题”的研究下进行整合，组织学生进行相应的课堂学习活动。

为了更好地发展学生运用语言的能力，培养他们语言运用的习惯，在实施北京版单元教学过程中，教师还以主题式教学为思路整合了《新维度英语》教材，为学生创造语言实践运用的平台和条件，丰富了课堂教学素材和语境。

2. 注重工具性和人文性的统一，教学目标体现“多元”

教育部《关于全面深化课程改革，落实立德树人根本任务的意见》中指出，学生的核心素养不仅仅是知识和能力，而且是“个人发展与社会发展所需要的必备品格与关键能力”。《课程标准》也明确提出义务教育阶段的英语课程具有工具性和人文性双重性质。学校在 Colorful English 课程构建与实施过程中，依据“多元目标”理论，从社会文化目标、思维认知目标、语言交流目标出发，重构教学过程，提升教学质量，实现立德树人的教育目标。

《新维度英语》教材的单元教学目标分为任务目标，即做事的目标，和体验目标，即做人的目标。学校将《新维度英语》与英语学科实践活动结合，由各年级结合北京版基础课程的话题，自主选择贴近学生生活的话题，每月开展一至两次英语学科主题活动，实现多元目标英语课程所提倡的三大目标。低年级“整理书包”的教学活动中，学生们不仅学习了文具和学具的表达方式，同时养成了排序、分类的思维习惯和勤于整理的生活习惯。中年级的“Money Chart”“Life Cycle of Butterfly”，高年级的“Making *Zongzi*”等类似活动也都注重培养学生的核心素养，包括心智发展、与人交往、创造性、批判性思维发展等，关注学生的内在思想、思维能力与情感世界、知识世界的发展。

阅读课程是国家课程的有力补充。在阅读课程的实施过程中，教师不仅注重语言知识能力的培养，更关注对文本中人物的情感态度的分析和对故事中思维和品德培养的内容的发掘和利用。在中年级绘本故事 *Mr Fox's Socks* 的教学中，教学目标中整合了对故事的理解和运用以及对狐狸先生情感的分析，并通过片段表演引导学生体验、培养主动分享的品德素养。教学中多元目标的设计，真正达成了对学生“全面育人”的课程设计初衷。

在社团活动课程和戏剧课程的教学过程中，教师引导学生学习英语，理解文本背后的文化习俗、思维习惯，体验其中的道德品质和情感态度，注重发挥学生的自主性，以学生的主体活动为主，强调学生的体验和对学习的探索。教师在课程实施中主要承担帮助、引导、指导的辅助作用，使得学生知识、经验、能力的获得完全建构在自主的基础上，真正得到“全人”的发展。

除了关注教学活动和学生自主学习过程中的教学目标的多元化，学校还非常重视多元目标英语教学环境的创设。研发团队创编了多项基于多元目标的活动，如在校园设计行为规范的要求和美德的语录，设计多彩课程的标志，制作安全教育的具体措施和受到伤害时应对策略的海报，创作中西方文化的海报等。这些活动融合了多重目标，为学生核心素养的发展提供了丰富的实践基础。

3. 强调实践与体验，学习方式落实“多样”

在基础类课程中，提倡学生玩、唱、演的学习方式，强化学生对文本情感的体验。在英语教学中，教师运用游戏法教学，注重吸引学生积极参与体验，调动学生的积极性和学习的自主性。在课堂上教师充分利用英文歌曲、歌谣中文化内涵非常丰富的特点，丰富学生情感的同时，渗透了大量的语言文化。此外，BB Class 的对话文本，或是 PP Reading 中的阅读文本，教师都鼓励学生改编成课本剧、绘本剧。孩子们在表演的过程中揣摩人物表情、动作和心理的变化，体验了文本情感，提升了思维能力。

除了常规课堂教学外，Colorful English 课程还为学生提供了更为自主的学习。学校每天中午安排 15 分钟左右的英语课外阅读，学生利用饭后的时间充分开展 SSR 阅读。学校给每个年级都提供了《瑞格拼读故事》《丽声拼读英语》《丽声妙想英语》《领先 X 计划》《新维度英语》《大猫分级阅读》等读本，学生也可以自备阅读材料。在阅读之后，孩子们可以交换、自由分享故事。每周有一个班的学生做阅读分享，他们可以制作“手抄报”或者“思维导图”进行展示。他们对这样的阅读方式很感兴趣。大量的阅读时间满足了孩子们的阅读兴趣，阅读实践保证了孩子们阅读能力的提高，他们的阅读兴趣被充分地激发出来，阅读水平和制作思维导图的水平也迅速提高。

每周三是学校的课后社团活动日，Colorful English 课程结合社团活动日设置英文歌曲社团、课本剧社团、趣配音社团和 drama 社团，孩子们在社团中玩得不亦乐乎：在玩中学，学生更贴近自己的特长，学得更为自由。为进一步激发学生对英语社团活动的热情，学校搭建了多个平台，展示校园英语社团的魅力。例如，学校的《家园》报上经常刊登有关英语社团活动的图片资料和活动照片。学校还积极组织学生参与各级各类比赛活动，让学生能够在更高的平台上展现自己的能力，并充分利用信息技术的发展，给学生展示所学提供多模态的平台。例如，孩子们在英语趣配音平台上每配好一个故事、一段动画，都会兴致勃勃地分享给老师和同学，教师也用多媒体记录下课堂上的每一个亮点，在家校平台和班级社交媒介上分享。

学校每年都会开展中西方节日的综合实践活动，如端午节讲屈原的故事、品尝粽子，中秋节讲嫦娥的故事、吃月饼，春节前讲“年”的故事、包饺子。结合 Colorful English 课程的实施，学校每年选择举办一个西方的节日活动，如复活节制作彩蛋、感恩节书写感恩卡、万圣节化妆大游行、圣诞节全体总动员，使学生通过亲身的体验加深对中西方文化的了解和认识。

结合 Colorful English 课程的开展，学校每年组织一次英语节，为学生搭建了多彩的语言实践平台。英语节上有 Super Singer（英文歌曲比赛）、Love Reading 和 Enjoy the Fun（英语讲故事比赛）、Spelling Hero 和爱拼才会赢（英文单词拼写大赛）、妙笔生生和书我风采（英语书写大赛）等，各式各样的比赛深受孩子们的喜爱，也促进了他们对中西文化的体验。多姿多彩的活动，丰富多元的学习方式，不仅使学生学习的兴趣高涨，而且使学生在不同的实践和体验中，快乐学习、快乐成长。

4. 突出情感与文化，整体育人指向“多快乐”

从教学内容的选择上，学校充分考虑教学内容的丰富性和趣味性，注重让学生乐读、乐学。Colorful English 课程注重提供丰富性和层级性的阅读内容，先后引入《攀登英语》《典范英语》《领先阅读 X 计划》《丽声拼读英语》《丽声妙想英语》《大猫分级阅读》等多种分级读物，并根据各年级学生的英语学习实际，对分级读物里的书目进行分层筛选，最终确定阅读课程的相关内容。

在课程实施的过程中，学校要求教师要进行细致的文本分析，充分挖掘教材中的非文本信息，挖掘落实文本的育人属性。在充分把握教材、备好课的基础上，研发团队还把研究的重点落在如何改进教学实施上。学校引导教师在教学活动中实施有效的教学策略，如认知策略、调控策略、交际策略等，通过专家的引领和教师们课堂教学实践的积累，探索适合课程内容和特点的“多快乐”教学实施方式。

快乐的童年生活，是教学的终极归宿，更是孩子们的成长归宿。多元化的课程，丰富多彩的活动，激发了学生表达的兴趣和欲望。看着孩子们自信地站在讲台上、站在舞台的中央、站在镜头前，教师更加确信要让孩子们拥有“多彩童年”。

表 4-16　六大课程的具体实施思路一览表

BB Class 课程实施
真实情境，活动贯穿 1)将语言学习置于真实的生活情境中，体现出用语言做事情。 2)活动设计从小学生生活经验、学习兴趣和认知特点出发。 3)以"活动"贯穿课堂，在活动中渗透对学生正确价值观和积极情感的培养。
PP Reading 课程实施
与学校其他英语课程相结合，弥补教材的不足，扩大学生的视野，拓展学生的思维。 1)外教每周一次的阅读课，进行系统阅读策略的训练和阅读技巧的提升。 2)英语课上北京版教材的延伸，满足学生们求知的欲望，激发阅读的兴趣。 3)学生自主阅读：学校在每层都设立了图书角，班级中的书架上也放了大量的英语书籍。课间、午间都能看见孩子们静静读书的身影，孩子们通过交流、分享延伸阅读，做到了 Love reading，enjoy the fun!
NN Task 课程实施
1)教师要跳出传统的"功能＋结构"教学，更多地关注语言意义，帮助学生在生活中使用语言表达自己。 2)教师依据学生的能力和生活背景，整合北京版和《新维度英语》教材，开发设计有利于学生成长的实践活动，强调在生活中学习语言。 3)教学活动以任务活动为统领，关注多层次思维能力的培养，特别注意引导学生在此过程中进行分析、解释、记忆和应用。
AA Club 课程实施
1)社团活动贴合 BB Class 内容，利用学生的已有知识储备拓展语言运用，强调学生的自主创编，教师进行必要的上位指导。 2)社团活动既关注内容的趣味性，又关注语言的人文性。 3)社团活动为学生创造宽松的学习氛围和学习情境，确保学生的主体性作用。
EE Drama 课程实施
综合、文化学习 1)剧本选材贴近 BB Class 课程主题，多维度挖掘资源，以中英文经典传统故事、文化故事为主要剧目，体现语言文化的综合性。 2)以小班为单位在专业教室进行集中授课、导读剧本、学习讨论、表演练习，培养学生的综合能力。 3)通过戏剧社团活动、学生分角色扮演、合作表演，为学生英语能力发展提供平台，让学生获得更多的文化体验，培养孩子的情感、态度和价值观。

续表

CC Show 课程实施
环境与学习，自我展示 1)注重课程资源的整合，丰富基础课程教材的文本内容。 2)以校园文化墙展示为手段，开展“Poster Show”，丰富学生的文化知识，注重英语学习环境的创设。 3)开展英语节和英语能力大赛，丰富学生的英语学习方式，开展文化体验活动，为学生搭建展示自我的平台。

四、课程评价及效果分析

Colorful English 课程的评价既关注学生学习的过程又关注学习的结果，使学习过程和学习结果评价和谐统一。教师依据 Colorful English 课程群中每门英语课程的特点，对学生进行多角度、多方式的评价，注重过程性评价和激励式评价，充分发挥学生的自主性，让学生们在英语学习中体验快乐，为今后的英语学习奠定基础。“校园是没有天花板的舞台”，英语学科课程群为孩子们提供了很多的舞台，多彩的课程让孩子们享受快乐，多元的评价让孩子们倍感鼓舞。

(一)课程评价

1. BB Class 课程评价

自主评价，促进发展。学生是学习的主体，也是评价的主体。在各类评价活动中，学生都应是积极的参与者和合作者。教学中采用学生自我评价、学生互评和教师激励评价相结合的方式。

学生自评、互评表

评价标准	我	同伴
我会读并知道单词nephew和niece的含义	☆☆☆	☆☆☆
我会读并知道意思：It will be my nephew or niece.	☆☆☆	☆☆☆
我会朗读课文、表演对话。	☆☆☆	☆☆☆
我能有逻辑地用更丰富的语言介绍自己的家人。	☆☆☆	☆☆☆

课堂表演互评工具

教师激励评价表

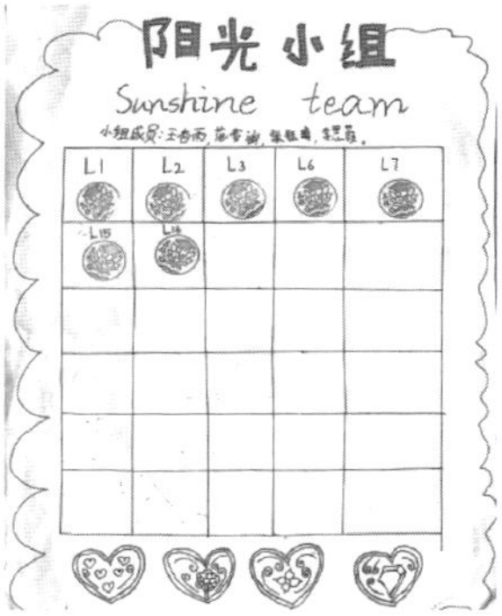

图 4-15　BB Class 课程评价工具示例

2. PP Reading 课程评价

阅读课的评价采用分享与评价并举的方式，学生在体验阅读带来的快乐的同时，也注重分享与阅读方法的提升，形成初步的语言综合运用能力，促进心智发展，提高综合人文素养。

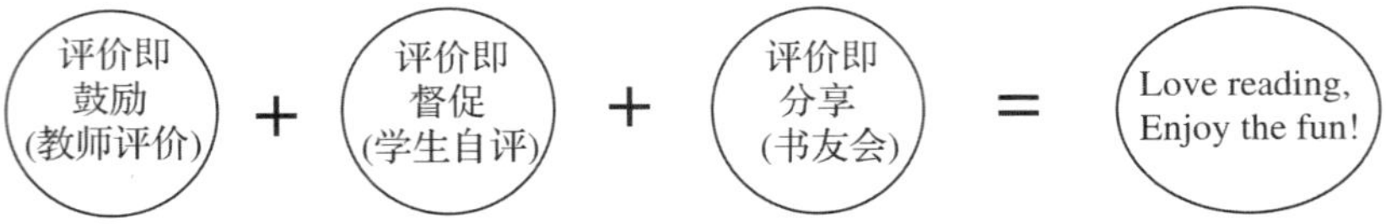

图 4-16　PP Reading 课程评价理念示意图

3. NN Task 课程评价

通过设置不同的任务，实现对学生语言能力、思维能力和情感态度的评价。例如，本课程设置了学生制作手偶的任务，引导学生在完成任务的过程中结合课堂评价维度，促进良好课堂习惯的养成。

图 4-17　NN Task 课程评价实例成果展示

4. AA Club 课程评价

AA Club 课程的评价中，教师注重学生学习过程中的自我发现和自我改进，鼓励学生充分发挥自己的个性才能。评价设置包括学生自我评价、组内评价、小组互评、在线评价等。例如，英语趣配音社团研发了评价表，从三方面对学生的配音活动和效果进行评价，评价主体包括学生、小组以及线上观众。

表 4-17　英语趣配音社团评价表

Assessment / Items	Self Assessment	Group Assessment	Online Assessment
Pronunciation & Intonation			
Performance			
Team Work			

5. EE Drama 课程评价

EE Drama 课程的过程性评价是以学生参与课堂活动的程度与质量为依据，通过教师及时、客观、全面、公正的评价以及同伴的互评实施，使学生意识到自己的参与状态。发展性评价更注重学生的综合能力和文化素质在本阶段的提升，例如对舞台表演的评价从语音语调、动作表情和台词等几个方面设置，提升学生意识。

表 4-18　EE Drama 课程展示评价表

评价内容	A	B	C	得分
语音语调	很好	好	一般	
动作表情	很好	好	一般	
台词(词、句)	丰富、正确	台词不太丰富	台词少，有少量错误	

6. CC Show 课程评价

对于情感态度、文化意识等难于用具体指标进行评价和量化的项目，我们采用与实践活动结合的评价方式。例如，在 Poster Show 展示过程中，利用笑脸贴画在信息卡上进行评价，评出最佳海报；在 Talent Show 比赛过程中，通过评出学生的一、二、三等奖，评出 Talent Star；在 Festival Show 过程中，评价出学生最佳表演者。

图 4-18　CC Show 课程评价中海报评比实例

学生。Colorful English 英语学科课程关注不同层次学生的需求，充分尊重学生个性特征，尊重学生的个性成长与发展，尊重学生内在的自然喜好与选择，为不同的学生创造多种形式的课程，让学生学会判断与选择，吸引学生积极主动地融入其中。AA Club 是学校课后社团活动整合、转化过的课程，从目标、实施要求、评价标准及方式进行了整体规划。英文歌曲、课本剧编演、趣配音和 Drama 社团等内容丰富、类型多样，学生结合兴趣选择参加，可以说为其天性释放"玩出"门道提供了适合的成长环境和开放的成长空间。位于课程群最高层的 CC Show 突破了学习时的课程门类，作为交流共享的载体，以 Poster Show、Festival Show、Talent Show 等各种方式为学生搭建自我展示的广阔平台。学生置身在这样的课程之中一定会感受枝叶的滋生，一定会领略到繁花的多姿多彩。

撰稿人：李娜　崔桂林

点评专家：王建平

案例四：BEE 助力学生智慧成长

案例简介

北京第二外国语学院附属小学办学理念是"智慧教育"，学校把外语教学定位为学校的发展特色，以 BEE 课程支撑"突出的外语特长"办学目标的达成。BEE 课程是学校智慧教育课程体系下的特色课程，由基础课程、拓展课程和个性发展课程构成。BEE 课程非常注重加强文化育人的特色内容，特别是将中华传统故事融入外语学习的 I Stories 课程，帮助学生学会使用英文讲述中国故事，在跨文化理解和意识培养方面奠定了基础。

案例分享

一、课程背景分析

北京第二外国语学院附属小学(原京通小学)建于 1999 年，地处五环外管庄地区城乡结合部，是朝阳区最东边的学校之一。学校现有教师 56 人，在校学生 900 多人，共 24 个教学班，学生主要来源于附近的社区、乡村。

学校以"智慧教育"为办学理念，办学目标是发展智慧教育，创建快乐学园。学校通过实施智慧教育，努力建设成符合学生身心发展需求、促进学生健康快乐成长的乐学园。在此理念的指导下，学校建构了智慧教育课程体系，把外语教学定位为学校的发展特色。同时，借力、依托北京第二外国语学院的优势，以人才培养为根本，以学科建设、队伍建设和科学研究为主要内容，积极开展外语建设和合作交流活动，有力地促进了学校的整体发展。在外语学科发展与建设中，基于全面促进学生成长、培养学生核心素养、促进课程整体育人的目标，学校构建了 BEE 外语课程体系，实现学校“突出的外语特长”的构想。

BEE 课程是学校智慧教育课程体系下的特色课程。在课程中，B 代表 Basic，是“基础”的意思，意为国家课程是基础，是根基，学校所有英语课程都是在此基础上开设的。第一个 E 代表 Extend，表示“拓展、延伸”，意为在国家课程的基础上开设的具有二外附小特色的英语课程。第二个 E 代表 Enjoy，表示“享受、喜欢”，意为整个学习过程是快乐的，是愉悦的。学生能够体会到整个英语学习是一种乐趣。

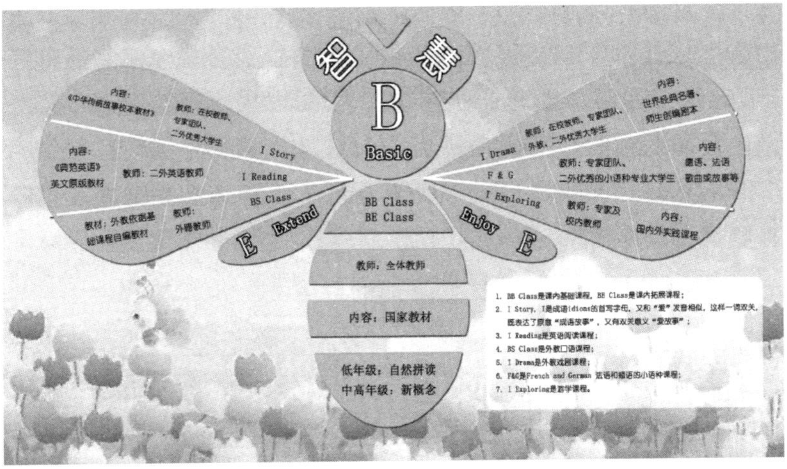

图 4-19　BEE 课程内涵示意图

二、BEE 课程体系设计

（一）课程目标

BEE 课程的目标是以学生的发展为宗旨，以培养学生的创新精神和实践能力为重点，激发学生学习英语的兴趣。本课程有以下几方面的目标：使学生树立学习英语的自信心，养成良好的学习习惯，形成有效的学习方法；使学生通过学习获得良好的语音基础、初步的语感和用英语进行简单日常交流的能力；培养学生初步的观察、记忆思维、想象能力和自主学习能力；帮助学生了解一些中西文化的差异，培养学生爱国精神和社会公德意识，为他们进一步学习打下良好的基础。

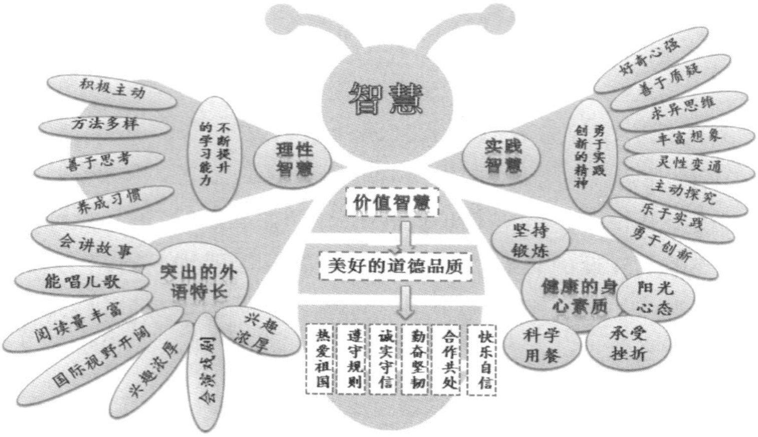

图 4-20　BEE 课程目标示意图

(二)课程设置及内容

BEE 课程体系由基础课程、拓展课程和个性发展课程构成，三者互为补充，各有侧重。整个体系构成如图 4-21 所示。

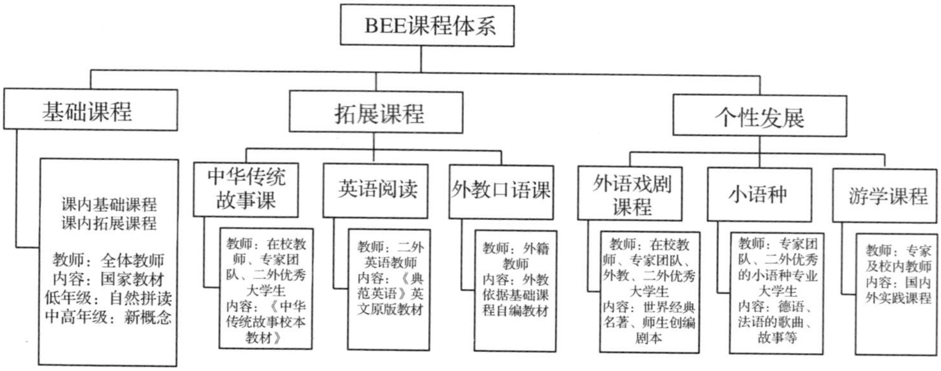

图 4-21　BEE 课程体系构成示意图

基础课程、拓展课程以及个性发展课程的内容、课时目标以及课时安排见表 4-19。

表 4-19　BEE 课程内容一览表

课程设置	课程内容	课时安排	课程目标
基础课程	课内基础课程	3 课时/周	夯实语言基础
	课内拓展课程	1 课时/周	拓展语言能力
拓展课程	中华传统故事课	1 课时/周	传承中华经典
	英语阅读	1 课时/周	养成阅读习惯
	外教口语课	1 课时/周	强化口语交际
个性发展课程	外语戏剧课程	2 课时/周	体验戏剧艺术
	小语种	1 课时/周	认识广阔世界
	游学课程	一次/学年	探寻异域文化

1. 基础课程

(1)BB Class——夯实语言基础

BB Class 即 Bee Basic Class，蜜蜂基础课程，是学校 BEE 课程体系中的基础课程，属于国家课程。课程旨在从小学阶段开始夯实学生的英语语言能力，为接下来的英语学习打好基础。

义务教育阶段的英语课程重在打基础。小学阶段的英语课程是为学生发展综合语言能力打基础，为学生继续学习和未来发展创造有利条件。学校选用的英语教材是北京出版社出版的《小学英语》。BB Class 充分利用教材提供的题材和体裁丰富、表现形式多样的英语资源，使学生通过听、说、读、写、玩、演、做、唱等专项和综合性语言实践活动促进语言技能的形成和发展。

(2)BE Class——拓展语言能力

BE Class 即 Bee Extend Class，蜜蜂拓展课程。BE Class 是 BEE 课程体系中基础课程中的课内拓展课程。本课程旨在从基础课程上拓展学生英语语言的两项重要能力，拼读能力和阅读能力。

学校作为北京第二外国语学院的附属小学，着重打造英语特色学校，对学生的英语能力要求在国家基础课程之上提出了更高的标准。在课程研发过程中，我校研发团队针对阅读课程逐步确定了小学的起始阶段首先要抓好听说和朗读，在学生有了一定的基础后，逐渐发展学生的阅读能力的整体培养思路。为了加强学生的拼读能力与阅读能力，学校将自然拼读与英语阅读作为基础课程之外的补充课程。

学生通过低年级阶段的自然拼读学习，做到见词能懂。学生看到生词就能通过自然拼读读出这个单词甚至句子的时候，学习的自信心将会大大提高，这有助于学生逐步发展爱阅读这一终身受益的好习惯。基础课程选用的《小学英语》以会话形式编写，学生对于篇章整体的理解能力相对薄弱。针对这一情况，BE Class 选择以用篇章的形式编写的《新概念英语》作为拓展。拓展教材文章短小，不仅可以帮助学生对语篇有正确的理解，同时逐步培养学生良好的英语阅读习惯，拓展了学生的语言能力。

2. 拓展课程

（1）I Story——传承中华经典

I Story 即中华传统故事校本课程，是学校 BEE 课程体系中的拓展课程。取名为“I Story”有两个原因：其一，它可以当作是“idiom story”的简称；其二，字母“I”又与“爱”发音相似，表示孩子们喜爱的故事。“I Story”课程以北京第二外国语学院主编的《中华传统故事英语绘本》为依托，将传统故事学习融于常规英语课中，通过学习鼓励学生灵活运用英语讲述中华传统故事，传播中华传统文化，通过讲故事、演故事、编故事培养学生学习英语的兴趣，锻炼学生的英语思维，提高学生的英语语言能力。《中华传统故事英语绘本》图文并茂，学生非常喜欢阅读。传统故事的学习伴随学生的成长，不仅丰富了中华传统文化的英文表达，也有利于学生内化中国传统故事蕴含的民族精神与民族品质。

（2）I Reading——养成阅读习惯

I Reading 即我爱阅读课程。I Reading 中的 I 是“我”的意思，通过谐音表示“我爱阅读”。I Reading 是学校 BEE 课程体系中的拓展课程，把激发学生的学习兴趣、培养学生的阅读习惯作为英语学习的第一要义，强调“融语言学习于故事和文学读本之中”。I Reading 课程不仅能充分激发学生的好奇心，培养学生学习英语的兴趣，而且有利于培养他们自主阅读的习惯。

（3）BS Class——强化口语交际

BS Class 即 Bee Spoken Class——蜜蜂口语课程，是学校 BEE 课程体系中的一项拓展课程，即外教口语课程。外教口语课程是 BEE 课程体系中不可或缺的核心组成部分，旨在培养和激发学生学习英语的兴趣，提高学生英语交流表达的能力，培养学生初步的跨文化交际意识，进而强化学生的口语交际能力。

外教口语课程充分利用外教在专业的内容和方法指导上的特长和优势，为学生打好英语语言的基础，使学生获得原汁原味的语言输入，更重要的是通过 Bee Spoken Class 让学生体验到外教所体现出来的特定文化背景和思维特点，这对于促进学生英语语言的全面发展是十分有益的。基于以上考虑，在课程研发过程中为了给学生创造更好的口语学习条件，通过多方努力，学校将每周单一的外籍教师授课逐渐打造、构建成为多元化的外教口语课程。

3. 个性发展课程

(1)I Drama——体验戏剧艺术

I Drama 即 I Love Drama。其中，I 代表“我”，结合谐音取义为“我爱戏剧”。I Drama 是学校 BEE 课程体系中的个性发展课程，旨在通过外语戏剧课程内容的设置，引导学生体验戏剧艺术的独特魅力，融合英语综合运用能力的发展，同时深入、全面地认识“自我”，认识“他者”，形成健全的人格。

为培养具有民族性和时代感并存的新时代小学生，二外附小开设了 I Story Club 和 BEE Drama Workshop 两个英文戏剧社团。其中 I Story Club 由学校英语教师与外教联合授课，以北京第二外国语学院《中华成语故事英语绘本》为依托，以戏剧的方式帮助学生学习中华传统故事。BEE Drama Workshop 则邀请英国戏剧艺术协会(Drama UK)的教师团队，从戏剧的角度出发，为学生设计专属课程。社团将结合学生的特点与学校的教育教学理念，每个学期排演一部带有二外附小特色校园文化的原创英文戏剧。

(2) I Exploring——探寻异域文化

I Exploring 课程中的 I 代表“我”，可以解读为“我爱探寻异域文化”。I Exploring 课程包括境外游学课程和小语种课程，属于 BEE 课程体系中的个性发展课程。学校希望学生能够深度体验异国文化，开拓国际视野，为成长为国际化的学生做好充分准备。

三、BEE 课程实施策略

(一)遵循学科本质，夯实学生基础

1. 借助拼读读物学习拼读规律

拼读能力指的是掌握并运用拼读规律(字音字形搭配规律)来解码单词的

能力。教师往往比较注重拼读规律的讲解，却忽略了给学生运用拼读规律拼读生词的机会和时间，没能培养学生真正的拼读能力。BEE 课程在实施过程中，除了正常的拼读规律指导之外，设置了绘本读物内容，引导学生结合拼读读物体验、探究、把握拼读规则，在阅读中训练快速突破拼读生词的能力。

2. 中年级重点培养朗读模仿能力

学校根据学生的实际情况，在低年级设置自然拼读板块的学习，为正确朗读打下基础，在中年级重点培养学生的模仿朗读的能力。在 BEE 课程实施过程中，教师适时在学生模仿短文的过程中教授连读、节奏、停顿、语调等知识，并结合 BS Class，I Reading，I Drama 课程内容鼓励学生进行大量的跟读模仿，充分利用微信语音功能让学生上传自己朗读的作业，也鼓励全体学生一起对朗读作业进行评价，为发展学生英语口语能力打下坚实的基础。

3. 指导高年级学生理解获取信息的方法

在 I Reading 等课程的实施过程中，教师通过提问或者描述图片引出内容，根据事物（what）、地点（where）、人（who）、时间（when）、原因（why）、方式（how）等方面的问题设计培养学生理解大意、获取主要信息的意识和能力。通过文章朗读、信息的整理与重构，培养学生相应的阅读策略。在教师的引导下，高年级学生逐步掌握理解语篇、了解信息的方式与方法，为今后的自主阅读打好基础。

4. 注重读与写的有机结合

阅读到写作似乎只有一步之遥，如果方法不当两者却遥不可及。学校在课程实施过程中，以口语问答为桥梁，将阅读内容进行内化，进而迁移到写作当中。例如，BE Class 选用的拓展教材《新概念英语》，每个语篇下都有摘要写作，并提供问题要点作为支撑，学生先回答问题，然后将答案组成一个段落。课程研发团队充分利用这一设计特点，在课程中引导学生先口头回答问题，然后再将这些问题以书面的形式呈现出来。采用这一方式，学生并没有感到是在写文章，但是将答案组合在一起却发现自己已经在不知不觉中写出了一篇短文。这样一来，学生对写作没有任何心理负担，反而觉得写作是一件轻松简单的事情。在训练写作的过程中，教师重点指导学生写作的方法，经过一段时间的练习，学生的写作水平明显提高。

5. 借助思维导图，梳理知识获取信息

学校倡导友善用脑的学习理念，鼓励学生制作思维导图来梳理、总结、记录所学知识和自己的思考与理解。绘制思维导图，教师通常以话题为单位，引导学生用绘图的形式梳理、呈现所学内容，发掘内在联系，使学生清晰地了解知识之间的关联，这有利于学生对相关主题、相关话题的知识重构，为连续的表达与产出做准备。在教学中，学生以小组为单位就自己的思维导图进行展示、讲述。这一活动活跃学生的思维，激发学生的创造力，同时发展学生的综合语言运用能力，建立自信。

（二）强化 I Story 课程，落实文化育人

中华传统文化凝聚着中华民族普遍认同和广泛接受的道德规范、思想品格和价值取向，为孩子们道德品质的提升和理想人格的培育提供了丰富资源。二外附小中华传统故事英语课程把生动有趣的中华传统故事改编为英语教材，鼓励学生多与英语老师、外教老师、同学进行交流，鼓励沟通与交流全程使用英语。同时，中华传统故事英语课程还将舞台艺术表演融入到英语学习里面，锻炼学生的英语表达能力和舞台表现力。学生在课程学习完毕后进行成果汇演，学校提供舞台将学生所学展现出来，使文化育人落到实处。

1. 专家进校园指导

二外附小 BEE 中华传统故事英语课程的开发离不开北京第二外国语学院的学术支持与专家引领。学院的英语教育专家指导我校进行英语课程建设，推进了中华传统故事英语特色课程改革，并定期、定时来学校听课并进行专业点评。专家的指导和引领，促进了学校英语教师教授中华传统故事英语课程的教学能力的提升。在他们的建议下，学校充分发挥外教在中华传统故事英语课程教学中的作用，并把西方国家的传统文化渗透到学习过程之中，不断探索课程构建和实施的策略，使学生将体验地道的英语和感受中华传统文化结合起来，打造了特色课程。

2. 常态课堂引入中华传统故事

结合课程的研发，学校积极探索符合英语语言学习规律的中华传统故事英语课程的教学方式，努力为学生营造浓厚的学习氛围，激发学生的学习兴趣，变被动学习为主动学习，使学生始终处于有效学习的状态。教师在教学活动中实施有效教学策略、任务教学策略与合作教学策略，力求使中华传统故

事英语课程教学取得最佳的效果。在不断研究与实践的过程中，学校教师团队探索出一些实施路径和基本模式。

故事精读，分课时处理模式。采用多课时教学方式，各个课时各有侧重：第1～2课时阅读故事，朗读故事；第3课时讲述故事，构建剧本框架；第4课时小组合作创编剧本，有感情朗读剧本；第5～7课时分角色、分剧幕表演故事；第8课时分组展示，班级评价。

故事泛读，课上5分钟学习模式。教师结合授课内容、学生情况可以灵活安排故事的学习，学校不设定统一的要求，给教师充分的自主权以确保故事学习的时机、学生兴趣点的把握。在整体方式及目标定位上，一、二年级讲故事，三、四年级演故事，五、六年级创编故事。实际实施中，有的教师安排学完一课书后集中学习一个故事，有的教师利用每节课前的5分钟分散学习一个故事，有的教师将每节课结束前5分钟设置为故事学习时间。在故事学习时间里，学生通过阅读课本、观看视频，用地道的英语学习中华传统故事。

故事表演，中外教共同指导模式。这一模式由中国教师和外籍教师共同授课，中外教师以合作互动的方式讲授中华传统故事。课程中部分内容采用中外教联合授课的教学模式，探索适用于少儿心理特点的中华传统故事英语课程的教学模式与方法，及时根据孩子的兴趣爱好进行教学调整，培养他们学习中华传统故事英语课程的兴趣。课程充分发挥外教优势，助力中华传统故事教学，全面提升学生英语素养。中国教师把握教学内容和节奏，外籍教师发挥语言优势，重点指导学生的语言，协助中国教师指导学生表演。

3. 加强中华传统故事的环境创设

(1)举办中华传统故事英语秀，展示传统文化学习成果

中华优秀传统文化是传承民族文化基因、建设中华民族共有精神家园的深厚基础，是中国特色社会主义核心价值观的重要载体。学校中华传统文化教育的根本目标在育人，即培养具有君子品格的现代公民。要实现这一目标，就要通过学科育人、活动育人和环境育人三种途径，三者相辅相成，综合运用，合理实施才能有效。学科教育的主阵地在课程，因此，就要把课程作为中华传统文化教育的实施主阵地。

每年5月，学校会举办“中华传统故事英语秀”活动。学生通过学习故事、

改编剧本、表演故事等活动把中华传统故事题材和艺术表演融和在一起。在中华传统故事英语秀的表演过程当中，学生融入了语言，融入了对角色的理解，从而对中华优秀传统文化有了更为深刻的理解。

(2)开展国内外游学实践课程，传播中华优秀传统文化

国内外游学实践课程的教学对象为对游学课程感兴趣、愿意参加实践的学生，教学内容是国内外实践课程，任课教师是专家及校内教师，实施途径包括与英美等国家建立友好学校等，利用寒暑假时间安排境内外实践学习课程。

学生在参加境外游学过程中能与国外的小朋友交流中华传统故事，传播中华传统美德。我国有五千年的历史，文化源远流长，西方国家也有很多传统故事，学生在分享中不但开拓了视野，而且增强了跨文化意识。

(三)融入戏剧元素，体验戏剧艺术

作为外语特色品牌学校，在课程实施过程中学校力求全方位提升学生的外语能力，促进学生英语学科能力的发展。在近两年的探索与实践中，教师发现戏剧教学对激发学生英语学习兴趣和培养学生英语学科核心素养作用显著。因此，学校整合以往表演活动形成 I Drama 戏剧课程，作为 BEE 课程体系中个性发展课程，为喜欢艺术的学生搭设平台，让学生在小学阶段通过外语戏剧课程提升英语综合运用能力，体验戏剧艺术的独特魅力。

I Story Club 和 BEE Drama Workshop 两个英文戏剧社团结合学生的特点与学校的教育教学理念，采取“体验式教学”的教学策略，让学生从实践和经验中学习。比如，在模仿动物的表演中，教师会把教室变成“动物园”——让学生装扮成自己喜爱的小动物，了解动物的身体形态、结构、特征，模仿它们的神态和动作，自编自演短剧，把单一的表演融入到戏剧中。这样的戏剧课既锻炼了学生的观察力、理解力、表演力，也增强了学生的领导力、协作力和沟通力，可谓是一举多得。戏剧课程内容分为声乐、舞蹈和表演三大部分。

1. 声乐教学

在声乐教学过程中，一般会安排以下活动：首先是发音练习，在呼吸的热身运动过后，教师弹钢琴让学生按照音阶进行发音，即平时的“开嗓”，放松两颊肌肉，防止嗓子受伤。其次，教师会带领学生学习一些简单的英文歌。

先朗读歌词，纠正发音，随后循序渐进，逐字逐句领唱，逐步完成整首歌。再次，教师弹钢琴固定一段旋律，学生根据旋律自编歌词，创作歌曲，教师鼓励学生使用英文。最后，教师会将戏剧故事中的主要词汇编入歌曲，帮助学生记忆新单词。声乐练习可以培养学生的乐感，提高学生音准，使学生在学习英语歌曲的同时提升记忆力。

2. 舞蹈教学

戏剧社的英国教师选取特定音乐和舞蹈给学生示范，随后带领学生练习。舞蹈学习从单个动作开始，循序渐进，按照舞步单元逐渐连贯，最后学会一套完整的舞蹈。在整套动作大体完成之后，学生分组练习，然后在所有人面前分组表演。很多时候，教师会鼓励学生自己设计舞蹈动作，展现自己的编舞能力。

舞蹈学习可以提高学生四肢的协调能力，培养学生的节奏感(舞步与音乐节点结合)，同时记舞步也可以在一定程度上锻炼学生的记忆能力。舞蹈表演需要在步态、手势、动作上有一定程度的夸张，在表演一些简单的动作时学生需要发挥想象力和创造性。让学生自主选择、自主设计、自主表演，使他们积极、主动、自信地参与到表演中去，既满足了学生的自我表现需要，又让不同发展水平的学生都有表现的机会。

3. 表演教学

表演课一般会设计下列几种活动：

(1)学生分组，自拟主题，设计小短剧。要求尽量使用英语，同时要保证组内每位成员都充分参与。

(2)学生分组，自己设计小短剧，但有台词限制(例如，表演情境中必须要用到 who are you，where are you going 等语句)，情景自创，同样需要保证每位成员参与。

(3)学生分组，给某种商品做广告，自己设计广告词并表演“微型广告”，向扮演顾客的其他同学和教师推销产品。学生表演完广告之后，所有顾客都要表态是否想购买该产品，得票最多的小组获胜。这个活动鼓励学生放飞想象力，不禁锢于生活现实，同时充分运用各种元素，确保了每位成员参与。

(4)教师用一支笔作为道具，学生以此笔的特征为基础想象某种物品，例如，一把刀、一支魔杖、鸡毛掸等，然后用笔进行模拟表演。

戏剧表演课程一方面有利于锻炼和提升学生的表达能力，为学生尽情展示自己创造了机会，另一方面学生可以尽情发挥想象，创作属于自己的小戏剧，这有利于激发他们的想象力和创造力。在组织表演的过程中，学生会逐渐形成团队意识，人际交往能力和社交能力也会得到提升。表演还培养了学生的创造性思维能量，令学生跳出条条框框，学会多角度多方面看待问题。

四、课程评价与效果分析

BEE外语课程采用了多维度评价体系，突破了传统外语教学评价的诸多局限，尊重多元价值，倡导学生全面参与，使被评价者也成为评价主体，评价成为师生共同构建的过程。多维度的评价体系注入人文科学内涵，倡导在多种评价维度下实施评价，不同于在严格控制的环境下实施的标准化测试，从而使外语教育评价更具人性化，也更能体现学生的独特性。

BEE外语课程教学评价体系的建立，使教师科学而准确地了解到自己在英语课上的教学结果，能向家长及时全面地反馈孩子在英语学习方面的情况，让学生客观而全面地了解自己在英语学习上的点滴变化，使学生更好地树立学习的自信心，形成积极向上的学习态度。

1. 建立个人发展小档案

个人发展档案主要记录学生在BEE课程中的表现，记录他们在英语学科知识和能力方面的发展情况。发展档案让教师全面了解学生横向上的动态变化，以便做出全面、准确、合理的评价，作为每位学生期末评定的重要依据。

2. 采用多元化的评价

以往学校外语学科的考试采用期末终结性评价方式，一锤定音，不予更改，不能全面反映学生的学习过程与学习效果。因此，在BEE课程实施过程中，为了全面、客观、公正地评价每一位学生的英语素质，研发团队采取多种形式的考查与评价方式。

(1)随时考查与阶段考核并重

为使教学达到预期的目标，课程研发团队教师根据教材把总体目标分解到每个单元、每课的教学过程中，根据不同内容确定考查内容、考查方法、考查形式。随堂考查主要记录学生接受知识的过程，并及时反馈信息、分析薄弱环节，进行教学调控。阶段考核在每学期期末进行，旨在对学生掌握知识及应用能力进行综合性评价。

(2)自我评价与互相评价结合

在BEE课程中，教师评价、学生自我评价和学生分组互评三者有效结合起来。以读、写的评价为例，学生分成若干小组，每个学生读完后先自己评分，再由考评小组根据评分标准共同评分。这种评价个个参与、人人动脑、取长补短、相得益彰。学生增强了了解英语的能力，养成了爱阅读的习惯，也提升了学习中自我监控、自我调整的意识与能力。

(3)口试与笔试并举

为了提高学生的口语能力、思维能力，强化应用交际能力，培育创造能力，课程采用口试、笔试、实际运用等多种形式对学生进行客观、全面、公正的评价。

除了常用的笔试测试之外，BEE课程重视对学生口语能力的评价，并尝试开发多种形式的评价形式。例如，师生问答，学生双人小组接受测试等。测试内容有，学生回答教师提出的问题，内容限制在课本范围之内；自由组成双人小组，根据图片互相提问；学生根据教师提供的图片向对方提问，限时一分钟，另一位学生回答，然后互换角色，教师提供新的图片继续进行。这些测试方式确保学生在平等、和谐的气氛中接受检测，减轻恐惧感和害羞心理，有利于准确评价学生的真实水平。

3. 外语特色课程评价与文化节展示相结合

为了丰富学生的校园生活，同时也是BEE课程评价重要的组成部分，学校每年春季都会举办外语戏剧节活动，为学生提供锻炼自我、展示自我、张扬个性的舞台。戏剧节点燃了学生学习英语的热情，陶冶了学生的情操，增长了学生的知识，提高了学生的英语表达能力，同时它也成为BEE外语课程向社会、学校、家长全面展示与评价的良好契机。到目前为止，戏剧节已经成功举办了三届，受到学校师生的欢迎，也得到了外语教育领域的积极评价和认可，BEE外语课程也逐步成长为学校的特色之一。

案例点评

北京第二外国语学院附属小学以“用教育的智慧培育人的智慧”为宗旨的“智慧教育”作为学校建设和发展的切入点和生长点。学校以“为培养具有中国心的国际化人才奠基”的办学目标为引领，积极进行英语教学特色的探索与实践，把英语教学的持续改进作为学校持续发展的支点，促使学校特色立校、内涵发展，促进学生素养的培养落地。学校在外语课程建设、学生英语特长发展、英语教师专业成长等方面整体取得突破性、跨越式的发展，正在探索一条“承传统，启心智，助成长”的特色学科铸就优质品牌的办学之路。可以说BEE课程为学校外语特色的形成与彰显打好了底色，明确了方向，二外附小的一场英语课改新旅程正在开启。

一、面向全体学生的课程体系

在围绕学校核心文化对课程进行整体规划的设计中，学校以“发展学校、成就教师、学生成长”为愿景，既面向全体，又指向学生不同的发展需求和个性特质，整合课程资源，细化培养目标，重点构建了BEE外语课程体系。小蜜蜂是学校的标志，BEE就好比是每一名学生，每一名学生在二外附小学习成长要打好外语学习的基础，要通过外语学习奠定成长的基础。二外附小以学生的全面、可持续发展为根本目的，整合资源整体设计外语课程，通过学校英语课程的整体设计，实现国家课程和校本课程的有效整合；实现必修与选修，基础与拓展，学科与活动，知识与经验，过程与结果的统一，形成能够促进每一名学生发展的多领域、多层次、可选择的课程体系。BEE外语课程是立足和支撑每一名学生的课程，而不是某一些孩子的专属。

二、充分利用校内外课程资源

课程资源为课程的实施和教学活动提供强有力的支撑。根据课程资源的本质属性，可分为物质资源、自然资源、社会资源。学校在课程建设的过程中放开眼界，多渠道积极开发并合理用好校内外各种资源。丰富的学习资源和学习渠道满足了学生的需要，有利于发挥学生各自的潜力。二外附小在BEE课程构建中能充分利用、统筹校内外资源。首先，组建由北京第二外国语学院教授组成的学科专家团队，学校教师与专家团队从课程规划到教学实施始终共同实践；其次，学校充分利用环境资源营造英语语言文化氛围，在校园内与学生及其他学科教师一起设计各种展示活动、海报、学生作品、英语标识，给学生接触英语提供各种机会，丰富学生的语言情境体验；再有，为学生创造条件提供歌曲、绘本、情景化视频等各种学习资源，创设学生展示、交流的各种平台等。学校通过不同的方式、手段让学生亲身实践，增加学生体验性与实践性的学习活动，使学生在获得英语综合语言运用能力的过程中，获得积极的情感与体验。

三、加强文化育人的特色内容

BEE外语课程中，基础课程既有体现国家课程的京版教材的学习，又贯通了基于基本技能培养的口语、阅读等系列拓展内容。将中华传统故事融入外语学习的I Story课程，更是找到了文化理解与传承的关联，体现了课程与育人的相关性。《孔融让梨》《坐井观天》《揠苗助长》《守株待兔》等近30个《中华成语故事英语绘本》帮助学生学会使用英文讲述中国的故事，在跨文化理解和意识培养方面奠定基础。I Story课程实施方式也非常注重贯通与融合，英语学习、传统文化、戏剧教育紧密联系在一起。戏剧元素的融入使教室变成了小剧场，以儿童戏剧的方式呈现并传播中华传统文化，通过故事朗读、参与创编剧本、改编和表演等活动，激发了学生的英语学习兴趣，促进了学生的语言、思维、动作、表达等方面的全面提升，在体验戏剧创作过程中促进了学生多元智能的发展。

撰稿人：张冬云　张艳　刘春红

评析专家：王建平

参考文献

Fullan, M. 1991. The New Meaning of Educational Change[M]. Toronto: Teachers College Press.

George J. Posner. 1994. Analyzing the Curriculum[M]. New York: McGraw-Hill.

Krashen, S. D. 1985. The Input Hypothesis: Issues and Implications[M]. London: Longman.

Swain, M. 1985. Communicative Competence: Some Roles of Comprehensible Input and Comprehensible Output in Its Development[A]. In S. Gass, & C. Madden (Eds.), Input in Second Language Acquisition[C]. Rowley, MA Newbury House.

北京教育科学研究院基础教育教学研究中心编著．2015. 学科能力标准与教学指南：小学英语[S]. 北京：北京师范大学出版社．

高新芝．2003. 小学英语课程资源开发[D]. 浙江师范大学．

龚亚夫．2018. 英语教育新论：多元目标英语课程[J]. 英语教师．(5).

韩宝成．2010. 关于我国中小学英语教育的思考[J]. 外语教学与研究(外国语文双月刊). 7—(4).

黄光雄，蔡清田．2017. 核心素养：课程发展与设计新论[M]. 上海：华东师范大学出版社．

黄政杰．1991. 课程设计[M]. 台北：东华书局．

教育部．2012. 义务教育英语课程标准(2011 年版)[S]. 北京：北京师范大学出版社．

教育部．2018. 普通高中英语课程标准(2017 年版)[S]. 北京：人民教育出版社．

联合国教科文组织．2015. 教育——财富蕴藏其中[M]. 北京：教育科学出版社．

林崇德．2016. 21 世纪学生发展核心素养研究[M]. 北京：北京师范大学出版社．

刘道义，龚亚夫．2001. 中国学校外语教育的发展[J]. 中小学外语教学：中学篇．24—(1).
鲁子问．2004. 小学英语教育学(中小学英语教育理论与实践丛书)[M]. 中国电力出版社．
罗少茜．2003. 英语课堂教学形成性评价研究[M]. 北京：外语教学与研究出版社．
施良方．1996. 课程理论——课程的基础、原理与问题[M]. 北京：教育科学出版社．
泰勒．2014. 课程与教学的基本原理[M]. 北京：中国轻工业出版社．
汪霞．2003. 现代课程研究及其方法论[J]. 外国教育研究．(8).
王蔷，陈则航．2016. 中国中小学生英语分级阅读标准(实验稿)[S]. 北京：外语教学与研究出版社．
王蔷．2002. 小学英语课程应该怎么开？[J]. 重庆教育．24—(F12)．
王蔷．2004. 英语教学法教程[M]. 北京：高等教育出版社．
王蔷等．2012. 小学英语课程体系整体创新的实践与探索[M]. 上海：上海教育出版社．
徐玉珍. 2008. 论国家课程的校本化实施[J]. 教育研究．(2)
张志远．2002. 儿童英语教学法[M]. 北京：外语教学与研究出版社．
朱传世．2017. 市场经济体制下的基础教育课程建设刍议[J]. 北京教育(普教版). (6)
朱慕菊．2002. 走进新课程：与课程实施者对话[M]. 北京：北京师范大学出版社．